CAPRICE.

L'harmonie, c'est la concorde.

DE LA

MUSIQUE A BEAUNE,

Par S. GAUTHEY.

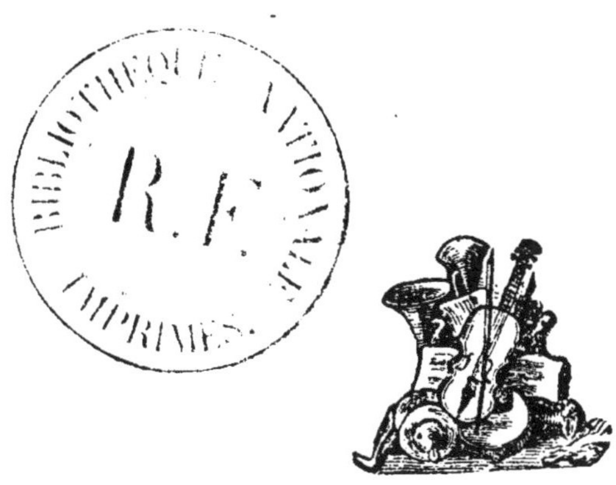

BEAUNE

BLONDEAU-DEJUSSIEU, IMPRIMEUR-LIBRAIRE

1851.

I.

ALLEGRO.

Boum! boum! boum!
LA GROSSE CAISSE.

La musique aide puissamment à la civilisation qui, depuis Orphée, avance toujours aux sons des instruments, lyre ou violon. C'est le seul élément de fête des temps modernes ; c'est la seule éloquence que comprennent facilement les foules assemblées sur la place publique.

La voix du plus grand orateur ne s'entend bien que dans les journaux ; mais la musique pénètre les masses sur-le-champ même et fait palpiter tous les cœurs à l'unisson.

Il n'y a pas loin de l'accord des instruments et des voix au bon accord des esprits ; et l'harmonie, c'est la concorde et la paix.

Rassurez-vous, je ne veux pas vous chanter de variations *politico-humanitaires* sur ce thême-là ; je vais seulement faire l'inventaire des ressources musicales de notre ville.

Nous avons en ce moment une société de musique bien organisée ; mais on n'y fait que de l'*harmonie*. C'est-à-dire qu'elle n'est composée que d'instruments à vent. Elle est dirigée par M. Roll....

C'est un très-bon chef d'orchestre : il fait marcher sa troupe militairement, à la baguette, ou plutôt à la clarinette ; car c'est sa clarinette qui est son bâton de commandement. Il est très-fort sur cet instrument-là, et sur tous les instruments de cuivre, en général, surtout sur ceux de Sax, dont le nom est si célèbre parmi les instrumentistes, et qui est certainement l'homme de ce siècle qui a fait le plus de bruit.

Nous disions donc que M. Roll... est une excellente clarinette; aussi n'est-il pas content quand il entend un canard; quand il entend deux canards, il est très-mécontent; et, quand il entend une volée de canards... oh! alors, c'est *Orlando furioso*.—Mais « *la critique est aisée et la* CLARINETTE *est difficile.* » Et d'ailleurs, c'est pour rire que nous avons parlé de canards; c'est un vrai cancan : ses élèves connaissant l'antipathie de leur chef d'orchestre pour ce volatile, ne lui en servent jamais; d'où il résulte une harmonie parfaite.

ANDANTE.

Ces messieurs ont eu le bon esprit de se mettre d'accord et de rester unis. Que ne puissions-nous en dire autant de la Société *de symphonie* qui n'existe plus! Elle est morte et enterrée; son oraison funèbre a même été faite avec beaucoup de verve et de gaieté par M. A. B....

Et cependant nous avons tous les éléments nécessaires pour former un orchestre complet, et pour jouir et faire jouir nos concitoyens des chefs-d'œuvres de Haydn, Mozart, Beethoven, Berlioz, etc., etc.

N'avons-nous pas parmi les artistes, dont le nom appartient à la publicité, M. Grom... au talent si fin et si délicat sur le violon, et dont l'enseignement, d'après la méthode Wilhem, a déjà produit de si bons fruits dans notre ville? C'est à lui que nous devons d'entendre maintenant passer, de temps en temps, des chœurs d'ouvriers qui, par leur ensemble, rappellent l'harmonieuse Allemagne. Il est dommage que ce cours de chant, si bien professé, ait cessé, et nous faisons des vœux pour qu'il soit repris.

Mais continuons la revue de nos artistes.

LARGO.—RELIGIOSO.

Nous avons M. Ur.. qui joue de divers instruments, et qui excelle sur l'orgue, où il a des inspirations charmantes. Il improvise presque toujours; il ne s'astreint pas à déchiffrer les idées des autres sur une partition, et il a, ma foi! bien raison.

Est-ce que les oiseaux du bon Dieu chantent perchés sur des pupitres et les yeux fixés sur des croches? Est-ce que les musiciens du bon Dieu ont besoin de musique écrite? Est-ce que notre ancien organiste, M. Morisset, avait des cahiers sous les yeux, quand il nous charmait tous par ses noëls, à la messe de minuit ?

Je crois y être encore : c'était par une belle nuit froide et bleue. La nef de Notre-Dame resplendissait de mille petites bougies coloriées, telle que le ciel étoilé. Il était à l'orgue, notre vieil organiste, avec sa tête légèrement branlante, son visage épanoui, ses yeux riants, ses larges sourcils en mouvement et sa perruque fauve qui s'agitait en mesure, et semblait, dans les passages les plus animés, comme soulevée par l'inspiration du maître. Car il y allait des pieds et des mains; il y mettait toute son ame ; tous les jeux se succédaient rapidement sous ses doigts : après les flûtes, c'étaient les trompettes; après les trompettes, c'étaient les bombardes; après les bombardes, c'était le chant des oiseaux. Oh ! qu'ils étaient gais les noëls qu'il nous jouait ! Que de douces émotions il répandait à pleines mains sur son auditoire enchanté! Son inspiration ne s'arrêtait qu'au dernier soupir des soufflets. Qu'il doit être heureux maintenant, notre ancien organiste, au milieu des cantiques éternels, dans le séjour céleste !

Pendant que nous sommes dans ce quartier-là, disons un mot d'un artiste sans le savoir, qui demeure rue de Paradis, n° 4 bis. C'est un artisan qui touche à l'art par tous les points, et qui est ignoré de tout le monde et de lui-même. C'est à peine si, avec le nom de la rue où il demeure et le numéro de la maison qu'il habite, on le devinera, et s'il se reconnaîtra lui-même, tant il est inconnu et modeste.

Eh bien ! je le dis en conscience : La muse a passé par là. Cet homme que je veux désigner en toutes lettres, dans l'espoir que cela pourra lui être utile, se nomme Fournier.

Il est ferblantier, il est tourneur en cuivre, il est tabletier, il est... il est artiste en tout.

Il a inventé et fabriqué lui-même, de toutes pièces, un orgue expressif. Un ami me parla de cet orgue, et je désirai le voir. J'allai donc avec cet ami chez notre artiste. Il n'était pas chez lui ; c'était un dimanche matin. Il était allé sur la montagne : c'est là que sont ses Charmettes.

Nous fûmes reçus par un petit garçon de six ans qui nous introduisit dans une humble chambre bien triste. Nous lui demandâmes à voir l'orgue qu'avait fait son père. — « Ah ! c'est que papa est bien adroit, « nous dit-il, triomphant ; « voyez les beaux joujoux qu'il m'a faits ! » — Et il nous montrait, tout en nous parlant ainsi, un noyau d'abricot sculpté comme le plus fin camée; un panier avec double couvercle à charnière, fait avec un noyau de cerise ; des chandeliers en cuivre tourné, gros comme des brins de paille ; c'était merveilleux. Ce charmant enfant nous mena ensuite vers l'orgue : il l'ouvrit, s'assit devant le clavier et se mit spontanément à nous jouer de petits airs avec ses petites mains, et en faisant aller, au moyen d'une pédale, le soufflet avec ses petits pieds.

En entendant cet enfant de six ans jouer ainsi sur l'orgue qu'avait fait son père, je me dis : « La muse a passé par là ».

Lorsque nous fûmes sortis, je demandai à mon ami quelques détails sur cet ouvrier. Il me dit qu'outre l'orgue que je venais de voir et d'entendre, il avait encore composé de la musique pour romances, et qu'outre la musique il avait encore écrit les paroles. Je voulus les lire, et après les avoir lues je me dis encore une fois : « La muse a passé par là ».

— Oui nous soulèverons le boisseau sous lequel tant de lumières sont étouffées, et nous révèlerons de temps en temps bien des talents inconnus dans tous les genres.

Nous le ferons avec discrétion, mais toujours avec indépendance, car nous sommes sans préjugés, et nous ne nous laissons pas aveugler par l'esprit de parti. L'esprit de parti... c'est l'esprit de vertige.

LA POLITIQUE.

Air du *Vaudeville de la Petite Gouvernante.*

Je n'aime pas la politique :
Elle met le monde à l'envers.
Je hais la louche polémique,
Qui voit et marche de travers.
L'esprit de parti, c'est bêtise :
Il change en aigles bien des sots :
Dans l'Assemblée, oui, quoi qu'on dise,
J'en vois la preuve, à tout propos.

II.

ANDANTINO.

Din, don, digue, digue, don.

LES CARILLONS DE BEAUNE.

« *Sinite parvulos venire ad me.* »

« Laissez les petits enfants venir à moi. »

C'est avec ces mots touchants du divin Maître à ses disciples, que nous rentrerons dans notre sujet, en parlant des enfants de chœur.

Entendez-vous leurs voix claires? Quelques-unes sont aussi fraîches et légères que les poignées de feuilles de roses qu'ils prennent dans leurs corbeilles et qu'ils jettent en l'air, devant le Saint-Sacrement, aux processions de la Fête-Dieu. Ces chants montent au ciel, comme un parfum de plus, avec les nuages embaumés des encensoirs, et leurs notes stridentes réveillent en sursaut les bonnes femmes qui s'étaient endormies pendant le sermon, sur leur chaise, en laissant couler leur chapelet ou leur vieux paroissien à leurs pieds.

Toutes ces voix enfantines ont été exercées, avec une patience d'ange, par frère Ptolémeus : Honneur à lui !

N'oublions pas, cependant, qu'il fut secondé dans ces soins assidus, par M. Palleg... qui, outre le chant, apprend à ces enfants à jouer de divers instruments. Il les a organisés en harmonie, et cela marche très-bien. Tous ceux qui entendent leur musique rendent justice aux professeurs, en applaudissant franchement leurs élèves. C'est la seule école de chant que nous ayons maintenant ; c'est notre petit Conservatoire de musique ; enfin, c'est notre manécanterie (*manè cantare*) : encourageons-là.

M. Palleg.... est un excellent maître et un homme de talent. Il faut qu'il soit bien insinuant pour réussir ainsi avec ces bambins. C'est aussi un vrai serpent : ses accents retentissent sourdement dans le chœur, d'une manière diabolique ; cet instrument-là me fait frémir, et d'autant plus frémir que M. Palleg... en joue mieux. Adressons en Cochinchine, en passant, un petit bonjour amical à son frère, Mgr l'évêque de Mallos, qui a envoyé à notre Bibliothèque des images du dieu Bouddah ; je ne suppose pas que ce soit dans l'intention de nous le faire adorer. Il ne s'est pas expliqué à ce sujet dans certaines lettres à ses amis, si intéressantes, qu'on en a fait faire une copie pour la Bibliothèque.

Ah ! c'est que c'était un fameux écolier, au Collége.

J'étais dans sa classe, et (je m'en souviens) il partageait invariablement, chaque année, tous les plus beaux livres de prix avec notre excellent et digne abbé Pe..., qui y joignait modestement toutes les médailles du *Cours de dessin*, avec fanfares et couronnes. S'il les appendait toutes dans sa chapelle, ces couronnes de lierre, il en ferait un bocage épais, et s'il mettait au cou de notre antique Vierge toutes les médailles d'honneur qu'il a obtenues au cours de dessin, il la rendrait plus belle et plus riche que les vierges des célèbres pélerinages de Lorette et de Bon-Secours.

Ces deux élèves étaient vraiment à la fois les aigles et les agneaux sans tache de notre classe ; aussi, que de bons coups de poing nous leur donnions ! J'espère qu'ils nous les ont pardonnés, ces hommes de paix, de foi, de tolérance et de charité.

Puisque nous sommes dans les ordres, c'est le lieu de rappeler le nom de l'abbé Roze, compositeur habile. Né au Bourgneuf, en 1745, il annonça très-jeune, comme Mozart, des dispositions musicales qui furent cultivées avec succès.

Nommé maître de chapelle de la maîtrise de Beaune(1), il y fit exécuter en 1769 une messe qui lui valut tous les suffrages des connaisseurs. Il composa alors, pour le concert spirituel de Paris, un *Motet*

(1) Les trois derniers maîtres de chapelle que nous ayons eu après l'abbé Roze, sont M. Allotte, l'abbé Dupuis et M. Goossens ; tous trois composaient, mais leur musique n'ayant pas été gravée, a été perdue à la révolution. M. Morisset est entré comme organiste à Notre-Dame, en 1782, à l'âge de trente ans.

qui eut le plus grand succès et lui valut d'être nommé maître de chapelle à la cathédrale d'Angers.

Il revint à Paris, en 1775, occuper la place de maître de chapelle des Saints-Innocents. Sa réputation attira dans cette église un si grand concours de curieux que les paroissiens n'y trouvant plus de place, s'en plaignirent à Mgr l'archevêque, qui ordonna de tenir les portes de l'église ouvertes quand l'abbé Roze jouerait.

C'est lui qui forma Lesueur, auteur de la *Caverne*.

Il se fit oublier pendant la révolution, et reparut glorieusement en 1802.

Alors il fit exécuter une *Messe* à Saint-Gervais et composa quelques *Motets* et le *Vivat* pour les fêtes que donnait le gouvernement.

Napoléon lui offrit la maîtrise de sa chapelle; mais l'abbé Roze refusa cette place lucrative, parce qu'elle l'aurait obligé à diriger en même temps l'Opéra. Voyez-vous, en effet, notre bon abbé chargé de mettre au pas toutes les danseuses du corps de ballet?...

La charge lui parut trop forte, et il ne l'accepta pas. C'était un homme pieux et d'un caractère doux et obligeant : en effet, on lit ces qualités-là sur son portrait en médaillon que nous avons à la Bibliothèque.

En 1807 il fut nommé bibliothécaire du Conservatoire et composa alors *le Système d'harmonie*, ouvrage fort estimé, et *le Plein-Chant*, devenu classique.

Enfin, en 1818, on exécuta dans la chapelle des Quinze-Vingts une *Messe de Requiem* qui est son chef-d'œuvre, et qu'il semblait vraiment avoir composée pour lui-même, car il mourut en 1819.

On devrait bien s'arranger pour nous faire entendre un jour, à *Notre-Dame*, cette belle messe de notre compatriote; car nous n'hésitons pas à réclamer cette illustration comme nôtre, sinon par droit de naissance, au moins à cause du long séjour qu'il a fait dans notre ville où son nom est aimé de nos mères; c'est Mlle Rose Roze, sa sœur, qui leur a appris à lire, à écrire et à compter. Je suis certain que ce nom parfumé de souvenirs leur fera plaisir à revoir, comme une fleur qu'on retrouve par hasard, en feuilletant un vieux livre, là où on l'avait mise il y a quelque soixante ans, pour marquer un passage aimé.

C'était une femme de mérite et une fort bonne musicienne, qui nous aurait tout naturellement servi de transition pour arriver à nos maîtresses de piano, mais nous ne voulons pas quitter les orgues sans citer le nom de Callinet, de *Ladoix*, célèbre facteur. — Nous aimons tant les orgues que nous estimons tous ceux qui en font ou qui en jouent, même avec une signolle.

SCHERZO.

Sapristie! je ne puis pas sortir de l'église. Ah! c'est que, entendez-vous? c'est là qu'on trouve la grande musique, comme la grande peinture: Mozart et Raphaël, Rubens et Roze.

Je n'ai encore rien dit de nos chantres; cependant je ne veux pas les ensevelir dans l'oubli.

Nous avons d'abord M. Thib.., artiste plein de souplesse, qui *tourne*, avec beaucoup d'habileté, les difficultés sur son serpent; mais il les aborde franchement, et il en triomphe glorieusement avec l'ophicléïde, sur lequel il est très-fort. M. Stiv... est un baryton d'un moelleux *tissu*, et M. Biz... possède une superbe basse-taille, sonore et profonde comme la dernière demeure à laquelle il nous accompagnera probablement, un jour, en chantant le *Miserere*, pendant que les cloches sonneront tristement...

Comme c'est agréable à penser!.. Voilà un *scherzo* qui commence bien gaiement, il faut en convenir! — Mais ces cloches m'indiquent d'autres artistes qui, malgré la haute position qu'ils occupent dans l'église, sont pourtant inaperçus et font peu de bruit: ce sont les carillonneurs; et cependant leur art est difficile et charmant:

> Le soir, qui n'aime ouïr l'*Angelus*, au lointain,
> Ou Matines tintant aux teintes du matin?

Qui n'a pris plaisir aux carillons de Dunkerque, de Bruges ou d'Anvers, en passant par ces villes flamandes un jour de fête ou un jour de marché; car on y carillonne aussi ce jour-là, et l'artiste a l'ordre d'exécuter sur son clavier, les morceaux les plus jolis des opéras en vogue, pour amuser les paysans et les retenir plus long-temps en ville, où ils consomment alors quelques pots de bière de plus. Quand j'étais dans ces pays-là, je faisais comme les paysans: j'y restais plus long-temps, retenu par le carillon, et mon *boss* (1) n'en était pas fâché:

(1) C'est ainsi que le voyageur flamand appelle son aubergiste.

c'étaient toujours quelques pots de bière de plus qu'il mettait sur ma note.

Ah! c'est que j'aime beaucoup entendre les cloches : c'est un harmonica sur une grande échelle. Hélas! dans nos clochers, le clavier de cet harmonica est bien étroit, et son répertoire peu varié. Eh bien! n'importe, j'aime encore mieux cela que rien. Ça marque au moins les jours de fête, et il me semble que le dimanche aurait moins de splendeur et serait un vrai Vendredi-Saint, si je n'entendais ce jour-là les airs de *Fanfan la tulipe*, et du *Bon roi Dagobert* partir des tours de Notre-Dame, de la Charité et de l'Hôpital, et ruisseler sur ma tête en notes brillantes comme une pluie d'étincelles, dans un feu d'artifice. Ces mélodies confuses sont comme des parfums de fleurs sonores qui s'épanouiraient au ciel.

Cette phrase est un peu confuse aussi, et les similitudes en sont fausses. Tant mieux! elle donnera une idée plus juste du talent de nos artistes ignorés. Beaucoup de gens, en effet, les entendent carillonner sans les connaître, et jouissent en eux-mêmes de leur musique, sans savoir seulement leur nom. Eh bien! moi, je veux réparer ce caprice de la renommée qui a fait à ces artistes-là une réputation qui ne vient pas de leur manière de jouer des cloches avec leurs pieds et leurs mains, mais de leur manière de lever le coude... On dit *boire comme un sonneur!* Eh! je crois, ma foi bien, qu'ils peuvent avoir soif! Savez-vous que notre sonneur en chef carillonne, à lui tout seul, dans nos trois clochers, le même jour? Pour être vrai, nous ajouterons qu'il ne carillonne pas dans tous les trois en même temps. Cependant un de ses prédécesseurs a espéré un instant obtenir ce résultat (On ne peut assigner aucune limite au génie de l'invention!). Oui, le père Cattant a médité sur le moyen d'obtenir l'ubiquité, et il s'écriait souvent, dans ses moments d'inspiration, les jours qu'il carillonnait mieux que d'habitude : « Que ne suis-je sur le rempart pour m'entendre! »

Car les carillonneurs ne carillonnent pas pour eux; ils ne s'entendent seulement pas; et d'ailleurs ils sont presque tous sourds, les malheureux artistes, comme Beethoven qui ne pouvait pas jouir de l'audition de ses chefs-d'œuvres.

Nous disions donc que c'est le même individu qui carillonne à Notre-Dame, à la Charité et à l'Hopital, tous les dimanches et fêtes; et c'est lui, toujours lui que vous entendez.

Il y a bien un aspirant qui le suit par fois dans son vol, mais notre carillonneur en chef est jaloux, comme tous les cœurs dévoués à l'art; il met l'art au-dessus de tout, et il justifie entièrement la première syllabe de son nom : il se nomme *Art*eau. Le père Art*eau* justifie aussi la seconde syllabe de son nom, car il ne boit pas comme un sonneur. Il est très-sobre; il n'a soif que d'art et n'a d'amour que pour Henriette, Anne, Élisabeth et Jeanne, ses cloches chéries, qu'il a toutes vu baptiser. (1)

(1) Voici les extraits baptistères de nos cloches ; au clocher de Notre-Dame, la plus grosse porte :

« J'ai été bénite par M. Antoine Chaussenot, curé de Beaune. J'ai eu pour par- « rain M. Gaspard Monge, comte de Péluse, grand-officier de la Légion-d'Hon- « neur, chevalier de la Couronne de Fer, membre du Sénat conservateur, titulaire « de la sénatorerie de Liége, membre de l'Institut de France, et pour marraine, « dame Henriette-Anne-Louise Guillemier, épouse de M. Leblanc, fabricien de « cette église. — Sous-préfet de Beaune, M. Pierre Fremyet ; — Maire, M Jean- « Baptiste Edouard.

« Fort père et fils, fondeurs à Dijon, m'ont faite en 1810. »

La seconde cloche porte :

« J'ai eu pour parrain M. le comte Alexandre de Foudras, maréchal-des-camps et « armées du roi, chevalier de Saint-Louis, chevalier de Malte, et pour marraine, « dame Anne Laurent, épouse de M. Simon Maire, propriétaire-négociant à Beau- « ne. — Sous-préfet, M. Etienne Perrin du Lac, membre de la Légion-d'Honneur. « — Maire, M. le marquis de Richard d'Ivry, officier de cavalerie, chevalier de « l'ordre royal et militaire de Saint-Louis.

« Fort père et fils, m'ont faite en 1815. »

La troisième cloche porte :

« J'ai été bénite par M. Antoine Chaussenot, curé de Beaune. J'ai eu pour par- « rain M. François-Henri Boussard de la Chapelle, et pour marraine, madame « Elisabeth Pelletier de Cléri, épouse de feu M. Nicolas-Joseph Comeau de Créan- « cé, capitaine de dragons. — Sous-préfet, M. Pierre Fremyet. — Maire, M. Jean- « Baptiste Edouard.

« Fort père et fils, m'ont faite en 1810. »

Au petit dôme, où sont les cloches qui nous mesurent le temps, la plus grosse porte une croix informe avec le millésime de 1783.

La seconde porte : « *Sancta Maria, ora pro nobis.* » avec le millésime de 1702.

Et la troisième porte : « *Sit nomen Domini benedictum.* » avec le millésime de 1702.

Au clocher de l'Hôpital, il y a quatre cloches, dont les trois premières ont été

Mais puisque j'ai parlé d'un aspirant, je veux en dire quelque chose, d'autant mieux qu'il n'est pas sans avoir touché aux cloches, lui-même, et qu'il peut devenir suppléant un jour. Vous l'avez déjà entendu certainement, sans vous en douter, et sans faire, peut-être, la distinction de son jeu d'avec celui du maître ; il y a cependant une grande différence. Je vous le dis en confidence ici, car je suis certain qu'il ne lira pas ce feuilleton qui, d'ailleurs, n'ira point le trouver au clocher : je n'ai pas des prétentions aussi élevées. Cependant cet élève

fondues par les Barard oncle et neveu, l'an 1783, et la quatrième, par Fort fils puîné, en 1822. Ces quatre cloches sont carillonnées par le moyen d'un petit clavier. Il y en a une cinquième qui ne sert qu'aux avant-quarts, et qui date de la fondation de ce magnifique Allhambra des pauvres.

Les trois cloches de la Charité, portent chacune ces mots : « Bénite par André « Bouvier, directeur de l'Hospice des Orphelins de Beaune ; parrain, François « Blondeau, âgé de 80 ans, restant à Volnay, qui a fait don de ces cloches qui « lui coûtent fr. 1,400 ; marraine, madame Jeanne-Baptiste Chantrier, supé- « rieure de cette (*sic*) hospice. Fondue en 1811, par Fort père et fils, de Dijon. « Elles sont dédiées à la Sainte-Trinité, à saint Antoine et à sainte Barbe. »

C'est aussi M. Blondeau, dit *le Saint*, qui a fait don, en 1806, à la paroisse de Saint-Nicolas, d'une cloche des mêmes fondeurs, qui a eu M. Bienville pour parrain, et Mme Nicolle pour marraine.

Aux Carmélites, il y a deux cloches, fondues par les Barard. Elles ont eu pour parrains MM. Brunet de la Serve et Morelot, et pour marraines Mmes Petit et la mère-prieure des Carmélites de Paris, dame Camille de Soyecourt, le 14 septembre 1837.

Au Collége, il y a deux grosses cloches, dont l'une porte le millésime de 1593, et l'autre celui de 1691.

Enfin, au Beffroi, il y a trois cloches : deux petites et une grosse, fondues en 1407, par Colas, de Dinant, *canonnier, artilleur et fondeur du Ducq de Bourgogne*.

C'est ce gros timbre, dont le son moelleux comme un vin généreux mûri par l'âge, et sinistre comme tout ce qui annonce la fin des générations que chaque heure renouvelle ; c'est ce timbre, dis-je, dont le son se mêle si intimement à notre existence.

Il nous fut envoyé, comme trophée de victoire, avec la *lune* et tout le mécanisme du *Gros*-Horloge, par un de nos ducs qui expédia dans le même temps, à Dijon, le bonhomme Jacmart, ouvrage d'un nommé Jacques Maert, mécanicien flamand, dont il a conservé le nom. Ce Jacmart de Dijon, qui frappe les heures sur une cloche avec un marteau, est le Sosie du beau *Jean de Nivelles*, qui frappe les heures a des dispositions ; mais quoi qu'il soit déjà bon carillonneur, il n'est pas encore de la force du professeur ; il arrivera, néanmoins, si le maître jaloux lui permet de s'exercer plus souvent, et il dépassera un jour les autres artistes de la ville de toute la hauteur des clochers de nos paroisses.

Pour le peindre d'un trait, je n'ai qu'à dire son nom. Buffon a dit : « Le style est l'homme. » — Moi, je dis : *le nom, c'est l'homme.*

A l'appui de cet aphorisme, j'ai déjà nommé le père Art-eau, qui aime

de la même manière au clocher de Nivelles, noble ville, où le vin de Bordeaux est en horreur, et où le vin de Bourgogne est en honneur. Ce fait là seul suffirait pour démontrer le bon goût de cette cité où l'on ne rencontre que faces joyeuses et rubicondes, et où l'on compte les centenaires par centaines.

Pour en revenir à notre *Gros-Horloge* gothique, qui marque les phases de la lune aussi bien que celles de notre existence, nous dirons qu'il nous vient de Dinant. Je trouve une coïncidence assez curieuse dans ce fait : c'est que les sons de cette horloge si intimement associés aux destinées des Beaunois, l'ont été aussi à celles des respectables *copères* de Dinant, sur qui s'est exercé de toute éternité l'esprit des Piron de la Belgique. Que voulez-vous? toutes les sommités attirent la foudre : j'y ai souvent pensé en regardant pendant l'orage notre beffroi dinantais aux aiguilles élancées; et la preuve que les compères de Dinant ont plus d'esprit que ceux qui se permettent des plaisanteries sur leur compte, c'est que, pour se venger de la victoire remportée sur eux par le duc de Bourgogne, ils ont adopté le vin de Bourgogne qu'ils préfèrent à tout autre. C'est avoir l'esprit bien fait, et, par conséquent, c'est avoir de l'esprit. C'est noble et généreux. Noël ! Noël ! Gloire à Dinant !

Oui, honneur à cette gracieuse ondine qui se baigne les pieds dans la Meuse, en remplissant incessamment sa coupe des meilleurs vins de France.

Nous ne terminerons pas cette course aux clochers sans relever une erreur du cardinal d'Amboise, dangereuse comme toutes les erreurs, et qui a déjà fait bien des victimes : c'est sa célèbre inscription sur une cloche : *Vivos voco, Mortuos plango, Fulgura frango.* J'appelle les vivants, je pleure les morts et j'éloigne la foudre. Ce qui nous étonne le plus, c'est que Schiller, le grand poète allemand, l'ait mise en tête de son admirable *Chant de la Cloche;* l'erreur consacrée par le génie devient encore bien plus dangereuse. Nous nous permettrons donc de transformer cette inscription en celle-ci : *Vivos voco, Mortuos plango, Fulgura duco.* J'appelle les vivants, je pleure les morts, et j'attire la foudre. Au moins cela est vrai, et Boileau, ce bon sens incarné, nous l'a dit : *Le vrai seul est aimable.*

beaucoup l'art et peu le vin; je vais citer maintenant le nom de notre carillonneur *in partibus :* il s'appelle Boban, et personne en le voyant ne trouvera que j'ai tort en disant : *le nom, c'est l'homme.*

Il descend évidemment (non pas en ligne droite) du fameux Quasimodo, de *Notre-Dame de Paris*, et le nom de Boban dont notre artiste est la souche, sera illustré par les talents de celui qui le porte si bien, et déjà si haut. *Sic itur ad astra.*

C'est avec intention que nous disons *talents* au pluriel, car Boban n'a pas affaire aux cloches seulement, il cumule, et les soufflets de l'orgue sont encore du domaine de cet aspirant. Mais là, il règne seul en maître et seigneur. Oui, c'est lui qui est l'ame de cette maison harmonieuse ; c'est lui qui est l'inspiration vivante de l'organiste, c'est lui-même qui lui souffle le feu sacré, c'est Apollon.

Nous n'avons qu'ébauché le portrait de cet artiste-là ; il nous aurait fallu un peu de la terre pétrie par Dantan, ou le crayon de Cham ou de Louis Delar.., pour reproduire fidèlement ce type.

Après l'orgue, ce qu'il préfère, et surtout ce qu'il prise le plus, c'est le tabac en poudre ; c'était aussi la passion de Napoléon.

Quand vous rencontrerez Boban, offrez lui donc une prise, car sa tabatière est souvent vide, et il n'attendra pas que vous ayez éternué pour vous bénir, le bon sonneur.

LES CARILLONS DE BEAUNE.

Air du roi Dagobert.

I.

Gloire, gloire aux sonneurs !
Je suis, par goût, un peu des leurs.
J'aime les carillons :
J'en veux ouïr toujours les sons.
Dès qu'ils sont finis,
Je dis aux amis :
« Trinquons donc, trinquons
Et carillonnons
Avec nos verres, dont
J'aime tant le drelin dindon. »

II.

Foin du lecteur sévère
Qui met son bonnet de travers ;
Son esprit trop austère,
Est, comme sa toque, à l'envers ;
Il blâme le ton
De ce feuilleton ;
Mais le carillon
Pour moi lui répond :
« Din, don, digue, din, don,
« Din, don, digue, drelin, dindon ! »

III

MARCIA.

(CON FUOCO.)

Piff... paff... pouff...
Coups de fusils des pompiers, à Gigny.

Parlons maintenant de la musique des pompiers.

— « Mais quoi ! me dira-t-on, vous qui prétendez que l'art des tran- « sitions est la moitié du style, vous passez ainsi des sonneurs aux « pompiers, *ex abrupto ;* c'est maladroit : car enfin quel rapport y a- « t-il entr'eux ? »—Quel rapport?... le même qu'entre l'eau et le feu, qu'entre l'incendie et le tocsin avec lequel les sonneurs appellent au secours.

Entendez-vous la cloche d'alarme qui crie :

« *Undam, undam, undam ! accurrite cives!* »
De l'eau, de l'eau, de l'eau! citoyens accourez!

Entendez-vous la *générale* dont le bruit effrayant réveille tout le monde en sursaut, au milieu de la nuit ; les fenêtres s'ouvrent précipitamment, on s'interroge avec anxiété d'une maison à l'autre; tout-à-coup un reflet rougeâtre brille dans l'obscurité comme la pleine lune au bord de l'horizon : « Au feu! au feu ! » Tout le monde crie, tout le monde sort de chez soi, tout le monde court et arrive sur le lieu du sinistre. Mais ils sont déjà là, nos pompiers, ces braves soldats de l'incendie : leurs échelles sont dressées contre les murs, et ils montent à l'assaut de la maison embrasée, non pas pour la piller

2

ou pour en égorger les habitants, mais pour leur sauver la vie au péril de la leur, et pour arracher aux flammes ce qu'ils ont de plus précieux : les petits enfants et les bijoux, les glaces et les portraits des parents qui ne sont plus, les papiers, la récolte nouvelle dans la grange; le trousseau, seule dot de la jeune fille, dont l'armoire commençait à prendre feu; la vieille coupe d'argent donnée à sa mère en cadeau de noces, et dans l'étable, la vache, seule fortune de ces pauvres gens.

Nos pompiers sauvent tout; gloire à cette brave Compagnie! Elle a bien mérité de la société.—Aussi le tir de leur oiseau est-il une véritable fête pour la population de notre ville. Tout le monde se porte, ce jour-là, sur la jolie route de Gigny qui ressemble à une allée de jardin anglais; tout le monde arrive sur le vert pâtis de Gigny qui ressemble à un jardin chinois, le soir, lorsque des lanternes de papier illuminent ses modestes ombrages de saules étronçonnés. (On sait que les Chinois, au contraire des autres peuples qui cherchent à développer la végétation des plantes, ont trouvé le moyen de la retarder, au point qu'ils ont obtenu des cèdres du Liban assez rabougris pour les avoir toute leur vie, en pots sur leurs fenêtres, comme nous avons des capucines, sur les nôtres.) Ce peuple n'est pas chinois pour rien.

Ce frais pâtis de Gigny, avec ses arbres bas, me rappelle donc la Chine que j'ai vue en Hollande; car les Hollandais ont rapporté des goûts chinois de leur commerce avec ce pays; et ce qui justifie encore ma comparaison, ce sont ces jolies tentes en forme de pavillons chinois qui couvrent la pelouse, et surtout ce petit *fleuve Jaune* qui entoure le manoir de M. de La M.... dont le délicieux jardin est gracieusement ouvert au public le jour de la fête.

Quel mouvement! quelle gaîté dans cette foule endimanchée! Les buveurs entrechoquent leurs verres pendant que les musiciens s'installent sur une longue charrette à moisson, et que toute la jeunesse danse aux accents de leurs instruments. Horace revenait de la fête de Gigny, quand il écrivit ces vers, dont vous trouverez le sens dans la chansonnette qui termine ce chapitre.

Jàm Cytherea choros ducit Venus, imminente lunâ;
Junctæ que nymphis gratiæ decentes
Alterno terram quatiunt pede, dum graves Cyclopi
Faciunt pif, paf, pouf.

Mais admirons, en flânant, la fontaine que M. le maire vient de faire construire en face de la maison de campagne de M. Georg.... C'est une source de plaisirs pour tout le monde.

Honneur à M. le maire ! il ne se ralentit pas dans la voie d'améliorations où il s'est engagé résolument. Regardez cette petite fontaine, comme elle est jolie ; c'est d'abord un bassin rond ; ensuite un bassin oblong et semblable à l'empreinte qu'aurait pu laisser le soulier de l'abbé Paramelle en s'enfonçant dans la vase à cet endroit-là ; puis vient un canal qui alimente un petit lavoir dont les bons effets se font déjà sentir : les habitants de Gigny mettent plus souvent des chemises blanches. Enfin, cette fontaine est, en miniature, ce qu'était autrefois notre bassin de l'Aigue, et en nous mirant dans cette eau limpide, nous dirons encore une fois : Honneur à notre maire !

— « Bah ! » me répondront quelques personnes toujours disposées à tout critiquer, et qui se croiraient déshonorées si elles approuvaient quelque chose, « Bah ! qu'est-ce, tout cela ? de l'eau claire. » — Mais oui, c'est de l'eau claire, nous ne disons pas autre chose, et nous trouvons qu'il est fort agréable et fort utile, pour un village qui ne puisait et ne lavait qu'en eau trouble, de puiser et de laver en belle eau. M. le maire nous en prépare encore de l'eau claire (1), et nous l'en félicitons. Elle est vraiment jolie cette petite fontaine où les pompiers font rafraîchir leur vin.

Pendant qu'ils tirent l'oiseau, tout le monde joue, se régale et danse : c'est charmant, on n'entend que rires, chants de buveurs, et joyeux caquets de jeunes filles ; pas un mot de politique.... Vive le roi ! vive le roi !

Mais, qu'entends-je ? En voilà de la politique, ou je ne m'y connais pas ; et il me semble que ces cris sont partis du milieu d'un groupe de pompiers. Cela m'étonne !...

Informons-nous vite auprès de quelqu'un d'entr'eux... justement en voici un qui vient de mon côté : « Monsieur, voulez-vous me dire « ce que signifient ces cris séditieux ? — Avec plaisir : c'est le pom- « pier Maréchal qui vient d'abattre la cuirasse de l'oiseau, et nous « le saluons roi. — Oh ! alors, je retire mon expression de *cris sé- « ditieux*, et je la remplace par celle de *cris joyeux*. »

(1) Les bornes-fontaines dont M. V. de L...... a *donné* tous les plans à la ville.

En effet, on remet la médaille d'or au roi de l'oiseau, et tout le monde s'attable et boit à sa santé.

Savez-vous qu'elles sont fort belles ces médailles-là? Elles valent une soixantaine de francs; mais leur valeur intrinsèque n'est rien; c'est à leur valeur honorifique qu'on tient.

Il est toujours agréable, dans notre siècle d'égalité, d'avoir un petit signe de supériorité sur ses égaux, et, depuis l'enfant qui va à l'école, jusqu'aux sommités de notre société civile et militaire, en France, tout le monde veut la croix.

Mais parmi ces médailles en or des rois de l'oiseau, j'en remarque en argent qui, bien qu'elles aient une valeur vénale moindre, ne laissent pas d'en avoir une beaucoup plus grande, sous un autre apport; ce sont des médailles de sauvetage.

Je cite, en notes, les noms de ceux qui en ont dans notre ville. Il est inutile de faire des phrases pour ces choses-là; les faits parlent d'eux-mêmes. Ces médailles sont accompagnées de diplômes plus éloquents dans leur style concis que toutes les paroles du monde. Nous en reproduisons les expressions dans les notes ci-bas (1).

(1) M. Dissandié, sergent dans notre compagnie de pompiers, a reçu en 1845 deux médailles d'honneur, avec diplôme, pour le courage et le dévouement dont il a fait preuve dans plusieurs incendies.

M. Musard, vigneron et pompier, à Savigny, a reçu une médaille pour avoir attendu de pied ferme un loup enragé qui répandait l'épouvante partout, et l'avoir abattu d'un coup de fusil.

M. Soulié père, ancien pompier, reçoit de la ville une pension bien méritée : à Savigny, il était monté courageusement sur un toit en flammes, avec sa hache, pour couper l'incendie, lorsqu'il tomba et se broya un pied et une jambe dans sa chute.

M. Gautherot a reçu une médaille de l'hospice de Clermont-Ferrand, pour une action d'éclat au milieu d'un incendie dans cet hospice, en 1834.

M. François Forest a reçu une médaille d'honneur *pour le dévouement dont il a fait preuve le* 10 *juillet* 1843, *en pénétrant au péril de sa vie sous les décombres d'une maison écroulée, pour sauver deux enfants qui s'y trouvaient ensevelis.* On lit en tête de ce diplôme :

Récompenses pour Belles Actions

Et au bas :

« Ce diplôme lui a été délivré afin de perpétuer dans sa famille et au milieu de « ses concitoyens le souvenir de son honorable et courageuse conduite. »

Nous croyons faire une chose juste et utile en ravivant ces souvenirs-là. Nous aurons bien certainement omis des noms dans cette liste, mais c'est involontairement, et seulement parce qu'ils nous sont inconnus.

Au bal qui fut offert dans la salle de spectacle, par la ville de Dijon, au Président de la République, savez-vous quelle était la plus belle toilette, celle qui attirait tous les regards et brillait le plus sous les lustres étincelants, à côté du jet d'eau qui s'élevait et retombait en diamants liquides, parmi les rivières de diamants solides au front et au cou des dames, et au milieu des uniformes chamarrés d'or et d'argent, et couverts de crachats, d'ordres et de croix de toutes sortes ?

Je vais vous le dire : c'était la veste des dimanches d'un ouvrier d'une trentaine d'années, à la physionomie douce, à la chevelure d'un blond un peu hardi, et à la longue barbe d'un blond téméraire. Mais sur cette veste brillaient quatre médailles de sauvetage. Il avait été présenté le matin au Président de la République qui, examinant avec attention ces décorations, trouva qu'il lui en manquait une et la lui donna : c'était la croix d'honneur.

Il portait donc, au bal, sur sa veste des dimanches, quatre médailles de sauvetage et la croix d'honneur ; voilà pourquoi sa toilette était la plus belle et attirait tous les regards.

Quel est son nom, me demanderez-vous ? et vous aurez raison : c'est la première chose à demander. Eh bien ! aucun des jour-

N'oublions pas dans cette récapitulation de nos richesses honorifiques les trois belles médailles, envoyées l'année dernière par le ministère de l'agriculture et du commerce, à notre Hôtel-Dieu, pour le dévouement dont tout le monde y a fait preuve pendant le choléra, en 1849. Une de ces médailles est au nom de la maison tout entière ; la seconde au nom de sœur M...; et la troisième au nom de la sœur P..., ne devait décorer que sa tombe.....

On a oublié, dans l'envoi de ces médailles, nos sœurs de Saint-Lazare, et l'infirmier Morand, ainsi que l'abbé Clerc; mais ce qui est différé n'est pas perdu; car M. Rolland, médecin à Meursault a reçu, en septembre 1850 seulement, une médaille d'honneur pour sa conduite pendant l'invasion du choléra, en 1849. Espérons que les trois médailles que nous réclamons encore, avec toutes les personnes au courant de ce qui s'est passé, arriveront un jour ou l'autre.

naux qui ont rendu compte de ces fêtes, ne l'a donné, pas plus les journaux de Paris que ceux de Dijon.

Cependant rendons justice au *Constitutionnel*. Il a eu l'idée de citer ce nom, mais il l'a écorché, au point que si celui qu'il a eu la bonne intention de désigner en toutes lettres, a lu cet article, il ne s'y est certainement pas reconnu.

En effet, voici ce que dit *le Constitutionnel* dans son premier-Paris du 15 août 1850 :

« La croix de la Légion-d'Honneur a été aussi donnée par le prince « à un tourneur, Simon FAURE de *Pontarlier*-sur-Saône qui, au péril « de sa vie, a sauvé des eaux *plusieurs* personnes *en danger de* « *mort*. »

« Eh! bien, vous qui *blaguez* (ce mot, on le sait, a reçu son droit de bourgeoisie dans le langage parlementaire, de la part de M. Prudhon, ce grand dispensateur des droits de bourgeoisie;) vous qui blaguez si bien, me dira-t-on, en savez-vous plus que *le Constitutionnel* sur l'homme aux quatre médailles. »

— Voici ce que je sais, et j'ai lieu de croire mes renseignements exacts, car je les tiens de celui-même dont il est question : c'est Simon Faivre, de Pontailler-sur-Saône, ancien sapeur-pompier, présentement garde-éclusier à Pouillenay, canton de Flavigny (Côte-d'Or).

Avec ses quatre médailles de sauvetage et sa croix d'honneur, il n'est pas fier, le sapeur; il est bon enfant. Voici comment j'ai fait sa connaissance :

Je le regardais, comme tout le monde; il donnait le bras à un beau monsieur, ce qui m'empêchait de l'aborder; mais l'apercevant seul un instant, je m'approchai, et lui demandai avec intérêt ce qu'il avait fait. — « J'ai sauvé quelques personnes. » Le beau monsieur qui l'entendit vint à moi et me dit, avec un sourire de bienveillance et d'orgueil : « Faivre a sauvé la vie à cinquante-deux personnes. » — Je fis alors tout haut la réflexion que ça valait mieux que d'avoir enfoncé d'un coup de canon une file de cinquante-deux hommes sur le champ de bataille. Faivre sourit et me tendit la main. J'y mis la mienne; Hola! ouf!... quelle tenaille! Je sentis de suite que j'avais affaire à un gaillard habitué à arracher aux flammes et aux flots les asphyxiés qui, certes, peuvent bien, quand ils sont rappelés à la vie, lui en montrer des marques... de reconnaissance.

Voilà l'histoire de l'homme aux quatre médailles et à la croix d'honneur, dont pas un journal n'a bien cité le nom. Faivre a un frère décoré aussi : quels plus beaux titres de noblesse pour une famille? (1)

« Mais (pourra-t-on m'objecter), tout cela n'est pas de la musique. Vous perdez le fil de votre *Caprice* dont le titre est : *De la Musique à Beaune.* Au lieu de nous parler de nos artistes et de leurs œuvres, vous nous parlez de pompiers et de leurs actions d'éclat : vous n'y êtes plus. » — L'objection paraît juste ; toutefois je vais essayer de la réfuter en disant que, le beau est un et absolu comme la vérité ; un bel opéra, un beau poème, un beau tableau, une belle statue, une belle action, sont une et même chose, à mon point de vue, et leurs auteurs sont tous des artistes pour moi, ils font de l'harmonie.

Que si vous ne trouvez pas cette raison-là bonne, je n'essaierai pas de m'en tirer à l'instar d'un avocat qui, embourbé dans les mauvais moyens, n'hésiterait pas à vous dire qu'on peut considérer les pompes comme des instruments à vent, et les placer dans la catégorie des trombonnes et des cornets à piston ; non, mais je me défendrai courtoisement avec les armes que vous m'avez fournies vous-même, en me rappelant le titre de mon opuscule, et je vous ferai remarquer que ce mot de *Caprice* me donne des pouvoirs illimités; et vous êtes bien heureux d'en être quittes pour si peu, car j'aurais eu le droit de vous raconter en détail toutes les actions d'éclat de nos pompiers.

Mais je n'abuserai pas de votre patience, et pour en revenir à leur musique j'en parlerai sans emphase et sans pompe, comme d'une chose ordinaire.

Quand on l'entend passer dans la rue, tout le monde s'y précipite comme au feu, car elle marche bien; il faut courir pour la suivre ; et certainement ce serait la meilleure harmonie de France, s'il y avait autant d'ensemble dans les instruments qui la composent, que la compagnie en met dans les secours qu'elle porte avec intrépidité partout où se déclare un incendie.

(1) Faivre est sans fortune, il a trois enfants, et sa place de garde-éclusier ne lui rapporte que 400 fr. Nous faisons des vœux, ici-même, dans l'espoir qu'ils seront entendus, pour que ce brave homme reçoive avec son brevet de chevalier de la Légion-d'Honneur, une amélioration à sa position.

LA GIGNICOISE,

OU LES QUATRE SAISONS A GIGNY.

Traduction libre de l'ode d'Horace : *Solvitur acris hiems,* sur l'*air : Au clair de la lune.*

I.

« Pourquoi, bonne femme,
« Tourne votre lait ? —
« Ah ! c'est que, Madame,
« Le temps est si laid !
« Plus d'herbe fleurie
« Devant le troupeau :
« Quelle triste vie,
« L'hiver, au hameau ! »

II.

Les tisons au diable !
Voici le printemps :
La vache à l'étable,
Prend la clef des champs
Et, dans la chaumière,
Donne, en revenant,
Donne à la fermière
Un lait plus crêmant.

III.

Au clair de la lune,
Vénus réunit
La blonde et la brune
Au tir de Gigny.

Ces nymphes sensibles
Dansent tour à tour,
Et servent de cibles
Aux traits de l'Amour.

IV.

Pendant que le Faune
Est juge des coups,
Au bon vin de Beaune
Faisons les yeux doux;
Et tous, de la sorte,
Jouissons un peu.
Qui frappe à la porte?
— C'est la Mort. — Adieu!

IV.

MINUETTO.

Au son de ces instruman
Turelurelu, patapatapan.

LA MONNOYE.

« *En avant deux !* »

Nous sommes au bal que donne la compagnie des pompiers, au Wauxhall.

Quelle charmante salle! Elle est placée au milieu de la verdure comme un nid de fauvettes jaseuses. Elle est décorée ce soir avec beaucoup de soin ; et ces tableaux que je n'avais pas encore vus font un très-bon effet. Ils sont touchés avec une certaine verve.

Voici d'abord un sapeur-pompier en tenue irréprochable, de M. B...., de notre ville.—Ce sont ensuite de plus grandes toiles peintes par des artistes de Dijon : ici un groupe patriotique de deux braves qui se donnent la main; c'est bien! nous voudrions que tout le monde en fît autant.— Plus loin une déesse de la Liberté, dans son costume ordinaire, c'est bien; car elle est femme, partant un peu coquette, et elle doit naturellement choisir la coiffure de fantaisie et les couleurs qui lui vont le mieux. Elle aime le rouge; qu'elle en mette! pourvu qu'elle soit jolie, nous ne lui demandons rien autre chose. — Après, ce sont trois fringantes danseuses qui rappellent Fanny Elssler dans la *cachucha*, par leur manière mutine de jeter leur petit pied en avant ; leur tenue est encore irréprochable, quoique la robe de l'une soit évidemment trop courte par en haut et laisse quelque chose à désirer.... ou plutôt ne laisse rien à désirer.

Mais voici un brave homme (toujours en peinture) devant lequel je m'arrête pour causer un peu avec lui, par plusieurs raisons : la première c'est que ce tableau est supérieur aux autres ; la seconde c'est que je puis causer avec lui tout à mon aise sans crainte d'être interrompu, et la troisième c'est que je trouve à reprendre quelque petite chose à sa tenue ; je vais le lui dire franchement, d'autant mieux qu'il me regarde dès que je le regarde, et qu'il paraît m'écouter avec attention, sinon avec bienveillance, car il n'a pas l'abord gracieux :

« Mon brave, je vous ai remarqué tout d'abord en entrant ici, parce « que vous êtes bien fait, et que vous avez dans le regard une cer- « taine profondeur de sentiment. Vous portez une veste ; c'est bien ! « j'estime autant la veste ou la blouse que le frac.

« Vous tenez un sabre dans une main, c'est bien ; car c'est avec « cette arme que nos vaillants généraux de la République couraient sur « l'ennemi et le battaient.

« Vous avez des sabots aux pieds, c'est bien ; car c'est avec cette « chaussure que nos pères sont descendus en Italie et l'ont conquise.

« Vous portez un drapeau tricolore, c'est bien ; car c'est sous ce « drapeau-là que la France a été le plus grande et le plus glorieuse.

« Mais vous êtes coiffé d'un bonnet rouge, et je ne trouve plus cela « bien ; voici mes raisons :

« Je ne suis pas de ces hommes qui entrent en fureur, comme les « taureaux, dès qu'ils aperçoivent du rouge. J'ai vu, sans m'épou- « vanter, le bonnet rouge sur bien des têtes, entr'autres sur celles de « tous nos braves matelots dont c'est la coiffure ordinaire.

« Tous les goûts sont dans la nature : les uns aiment le bonnet de « coton blanc ; moi je le trouve trop rococo et trop salissant ; je pré- « férerais, à la rigueur, le bonnet noir ; c'est toujours blanc.

« Les autres (et vous êtes de ce nombre, mon brave homme) préfè- « rent le bonnet rouge ; mais je ne l'aime pas. C'était la coiffure des « anciens esclaves de la Phrygie, et ces souvenirs d'esclavage me sont « odieux...Et puis, la forme n'en est pas gracieuse ; c'est une mode « surannée, c'est la coupe de quatre-vingt-treize...

« Oh ! que je préfère au bonnet blanc et au bonnet rouge mon beau « foulard tricolore !

« Quand je m'en coiffe le soir devant ma glace, avant de me coucher,

« ses belles couleurs nuancées comme celles de l'arc-en-ciel, me rap-
« pellent quelques petits souvenirs qui ont bien leur mérite, tels que la
» grande Fédération, l'institution de la Légion-d'Honneur, etc., etc.

« Je m'endors tranquille, le chef protégé par ses plis, et je fais des « rêves agréables : Je rêve d'abord chien et chat, c'est-à-dire bataille ; « j'entends le tambour, la musique, le canon, les fanfares et les vivats, « et au milieu de tout ce tintamarre, je distingue des noms bien ron- « flants, tels que ceux de Rivoli, d'Arcole, de Lodi, de Marengo, des « Pyramides, etc., etc., enfin toutes les belles victoires remportées « sous ces couleurs-là par nos pères, qui n'avaient pas de bonnets rou- « ges, alors ; ils n'avaient que des bonnets à poil.

« Ensuite, je rêve que la France est tranquille et par conséquent « riche, grande et glorieuse, et que tous ses enfants, ceux qui aiment le « blanc, comme ceux qui aiment le rouge, retrouvant chacun leur « couleur favorite dans mon foulard rouge, blanc, et bleu finissent par « le préférer à leur coiffure particulière, jettent bonnet blanc et « bonnet rouge par la fenêtre, et abritant tous leur tête sous le dra- « peau tricolore, crient d'une voix unanime, et de bon cœur : *Vivat* « *res publica !* (Vive la chose publique !) en se donnant la main. »

« — *La chaîne anglaise !* — »

« Mon brave homme, je suis enchanté d'avoir fait votre connais- « sance ; au fond vous n'êtes pas si méchant que vous vous en donnez « l'air ; et il parait que nous sommes d'accord, car, qui ne dit rien « consent ; mais permettez-moi de vous tourner le dos pour regarder « ces charmantes danseuses, non plus en peinture, mais bien en vie, et « dont les toilettes variées font de cette salle la plus jolie mosaïque « animée qu'on puisse voir. »

C'est vraiment enchanteur ; et cette musique, comme elle est vive et entraînante, elle vous enlève : les pieds me démangent, les pieds me brûlent, j'ai envie de danser. — « Mademoiselle, voulez-vous me faire « l'honneur...—Monsieur, je suis engagée pour quelques contredanses « encore ; ce sera pour la quarante-neuvième. — La quarante-neu- « vième, et l'on n'en est encore qu'à la troisième! la quarante-neu- « vième !. . Au reste, Mademoiselle, j'aurais dû m'en douter, en voyant « tant de grace unie à tant d'amabilité ; j'ai bien l'honneur de vous « saluer. »

Et alors je me suis bien douté, en voyant tant de grace unie à tant d'amabilité chez toutes les autres danseuses, qu'elles n'avaient plus que la quarante-neuvième à m'accorder ; voilà pourquoi je n'ai pas dansé, malgré la tentation que m'en donnait l'archet de MM. Du..., Di..., Grap..., etc., etc.

Ce sont des tarentules que ces archets-là ; dès qu'ils vous piquent, l'envie de danser vous prend, et ils piquent souvent nos dames qui sont, comme Achille, très-vulnérables au talon.

Ce sont des baguettes enchantées que ces archets-là ; ils font tout sauter en mesure, comme dans *la Fée aux roses*, où tout le monde danse au milieu de la cuisine, jusqu'aux marmites à trois pieds, et jusqu'au balai.— Et la clarinette, et le cornet à piston, et tous enfin, comme ils jouent bien les valses et les contredanses ! A eux le bouquet, c'est du *Strauss ;* à eux la plume de coq, ce laurier des ménestrels écossais.

Mais comment ne joueraient-ils pas bien ? Ils ont tant de pratique, ils ont si souvent l'occasion de s'exercer !

Tous les jours il se fait un mariage au moins dans notre ville, et par conséquent tous les jours il y a bal, car « *chez nous, selon l'usage antique et solennel,* » ceux qui se marient doivent faire danser ceux qui ne se marient pas, sous peine de charivari (Nous avons des artistes très-distingués dans cette instrumentation-là). Cet usage antique est bon ; mais la pénalité est peu solennelle et blesse la liberté ; à moins qu'on ne la comprenne comme cet honnête pacha qui, donnant un jour une soirée, dit à ses hôtes, quand ils furent tous réunis : « Je vous ai invités pour vous amuser ; le premier de vous qui « aura l'air de s'ennuyer, je le fais empaler. » Tout le monde pâlit et se mit à rire : tout le monde trembla et se mit à danser.

On n'est pas plus aimable, en vérité, que ce bon pacha ; mais dans le siècle où nous sommes, il faut que chacun puisse se marier sans être forcé de danser et de faire danser les autres,

« *Ainsi le veut la liberté* »

comme dit en chantant notre grave et joyeux Béranger, dont *la République* a toutes mes sympathies, et en vaut bien une autre.

Puisque nous avons prononcé le mot de charivari, nous sommes obligé, en fidèle historien de la musique à Beaune, de parler de ce genre qui est national parmi nous, et qui date des temps les plus reculés. Nous avons eu dernièrement l'occasion d'en entendre un.

L'auditoire était nombreux et choisi ; et les instrumentistes étaient en verve, au point qu'on alla chercher les gendarmes.

Les exécutants avaient eu l'attention délicate de joncher le pavé de vieux tuyaux de poèles et de vieux échenaux, en sorte que, quand les gendarmes arrivèrent sur le lieu du sinistre pour rétablir le silence, ils firent plus de bruit que les concertants eux-mêmes, et cependant Dieu sait, et les voisins, qui n'étaient pas à la noce, ont entendu quel bruit ils faisaient avec leurs clefs forées, leurs cors de chasse, leurs cornets à bouquin, leurs crécelles, leurs marmites, leurs chaudrons, leurs cloches et leurs bassinoires.

Puisque nous avons parlé des gendarmes, faisons, en passant, un salut militaire à cette belle compagnie : à l'œil, en effet, rien de plus beau que cette charmante troupe dont l'uniforme éclipse les plus brillants de l'armée.

A la réflexion, rien de plus beau que cette noble troupe qui donne force à la loi, et qui protége la société avec une intrépidité et une bonté proverbiales.

LE GENDARME.

Chanson dédiée à MM. les représentants qui ont beaucoup ri au paragraphe du Message où le Président rendait hommage au zèle avec lequel la gendarmerie accomplit sa mission.

AIR : *Au clair de la lune.*

I.

Oui, gloire au gendarme
Bon, mais redouté !
Sans peur, il désarme
Le crime effronté ;
Des lois qu'on fabrique,
Il est le soutien ;
De la paix publique
C'est l'Ange gardien.

II.

Quand Polichinelle
Joue, en soubresauts,

Sa farce éternelle
Devant les badauds,
Qu'est-ce qui les frappe?
Ses coups de bâton :
Toujours à qui tape
Ils donnent raison.

III.

Vient le commissaire ;
Le bossu le bat :
Satan vient derrière;
Le bossu l'abat;
Puis vient le gendarme :
Ah! badauds, riez!
Mais non : il désarme
Ce drôle : criez!

IV.

Badauds qu'on appelle
Des Législateurs,
A Polichinelle
Donnez donc des pleurs!
Il se rit sans cesse
De toutes vos lois :
A votre tendresse
N'a-t-il pas des droits?

CODA.

Mais revenons à notre concert interrompu. Nous aimons l'art, et ceux qui s'y dévouent corps et ame : c'est pourquoi nous ne pouvons trop admirer, dans ce siècle d'égoïsme où l'on ne fait rien pour rien, le dévouement et l'abnégation de ces malheureux instrumentistes qui jouent gratis en plein vent, et qui, pour donner un charivari aux autres, se le donnent d'abord à eux-mêmes. Ils sont les premières victimes de leur talent; aussi nous garderons-nous bien de dire les noms, très-honorables d'ailleurs, de quelques-uns d'entr'eux que nous connaissons, dans la crainte d'appeler sur eux la sévérité des lois. Ce serait inhumanité de notre part. Les malheureux ! ils sont bien assez punis, et punis avec la plus grande justice ; car leur châtiment est en raison directe de leur force sur l'instrument dont ils jouent : chacun peut vérifier l'exactitude de ce calcul mathématique, en prenant un chaudron d'une main, et une pelle de l'autre : frappez fort, et vous entendrez si ce que je dis n'est pas juste. Pitié, pitié pour eux !

Un de mes camarades m'aborde un jour en me disant :— « Je me ma-« rie. — Tu as raison (lui répondis-je), tu vas nous faire danser, j'es-« père?— Non.— Tu as tort ; il faut autant que possible se conformer « aux usages du pays qu'on habite : gare au charivari ! — Je m'en « moque ; je ne veux d'aucune espèce d'esclavage ; vive la liberté! »

Et il se mariait le lendemain, l'inconséquent !

Après le mariage, on s'attable pour toute la journée, on se noie dans les plats et dans les bouteilles ; on fait la noce enfin. Le soir arrive ; pas de bal au Wauxhall, pas le moindre violon dans aucun cabaret ; le silence le plus profond s'étend et règne sur toute la ville.

Tout-à-coup, des quatre coins de l'horizon, s'élève le cri de *charivari, charivari !* avec accompagnement de tous les instruments de cuisine imaginables. Cette formidable batterie arrive dans la rue du nouveau marié, et s'embosse en face de sa maison. Il y était.

Quand il eut bien considéré cette compagnie dans laquelle il distingua quelques-uns de ses amis, et lorsqu'il eut assez du concert, il prit son traversin, lui mit crânement un bonnet de coton sur l'oreille, le plaça à la fenêtre contre la persienne entr'ouverte, et s'en alla, par une porte de derrière, à l'hôtel Brian, où il avait fait préparer une chambre à l'avance, et où l'attendait son épousée.

Lorsque la foule vit à la fenêtre notre homme, non, je veux dire son traversin qu'elle prit pour lui, un formidable *crescendo* s'éleva avec un ensemble digne d'un autre auditoire. Plus le traversin était impassible et plus le *crescendo* croissait; mais il tint bon, le brave traversin, il resta sourd à tout ce bruit, à tous les quolibets, et à toutes les provocations qui lui furent adressés toute la nuit, pendant que son propriétaire célébrait à l'hôtel, Comus, Bacchus et toutes les divinités en *us*.

Cependant l'Aurore aux doigts de rose commençait à éclairer l'horizon, avec sa lanterne sourde, et, la sérénade s'était changée en aubade, lorsqu'un nouveau concertant vint se mêler à la troupe de nos charivariseurs. Il tenait une bassinoire d'une main (c'était un cadeau de noces) et de l'autre une grande clef forée (c'était la clef de sa maison) dans laquelle il sifflait et de laquelle il frappait sa bassinoire avec une telle verve que chacun voulut savoir qui il était et s'approcha de lui pour le voir : « Tiens, c'est vous! Mais vous n'êtes « donc pas à votre fenêtre ? — Non, puisque me voilà. — Qui est-« ce donc que nous y voyons, cependant? — Mon traversin. »

Les instruments tombèrent des mains de tous les exécutants, qui s'en allèrent tranquillement chacun chez soi, sans rien dire, et notre jeune marié leur fit honnêtement la reconduite jusqu'au bout de sa rue en frappant sur sa bassinoire, et en sifflant avec sa clef forée nos charivari...sés.

Si je portais le fardeau de l'autorité, et qu'il se donnât un charivari sous mon administration, voici ce que je ferais :

Quand les exécutants seraient réunis, et au moment qu'ils se donneraient le *la*, je circulerais parmi eux, et remarquerais ceux qui auraient les plus beaux instruments, et surtout ceux qui s'en serviraient le mieux.

Le lendemain, j'enverrais à ceux qui m'en auraient paru dignes, de vieux tuyaux de poèles d'encouragement, et de vieilles bassinoires d'honneur, avec une musique appropriée à la circonstance.

Charivari est un personnage qui a de l'influence dans la société. On le respecte par crainte; rendons-lui hommage aussi, et célébrons-le sur l'air du *Roi Dagobert*.

Vive Charivari !
C'est le seul roi de ce temps-ci :
Il règne à l'Opéra,
Au Bouffe, au Cirque *et cætera*.
La Bourse et les Halles
Sont ses succursales ;
Mais son Élysée
Est à l'Assemblée ;
Car là, rien ne s'entend.....
Que la cloche du président.

V.

FUGA.

Pan, Pan est mort...

Charivari est mort. Voici quelques détails sur cet évènement fâcheux qui attristera bien du monde :

Charivari avait annoncé un nouveau concert pour remplacer un bal qui n'avait pas eu lieu. Ses plus chauds partisans s'étaient réunis, comme c'était leur devoir, au lieu indiqué. J'y étais.

Le concert était commencé, et il n'avait jamais été plus beau ni mieux nourri, car la grosse cloche du restaurant voisin ne cessait de le renforcer.

On y entendait des instruments inouis jusqu'alors, des instruments anté-diluviens dont les noms sont oubliés, et des instruments nouveaux, que la science acoustique n'a pas encore eu le temps de classer.

Les voix humaines s'y mêlaient agréablement à celles de ces intéressantes créatures généralement connues sous le nom d'Azor, de Castor, de Médor, etc., etc., pour qui nos représentants ont tant de sympathie qu'ils n'ont pas voulu les frapper d'un impôt.

Je voudrais que tous ceux qui ont repoussé cette taxe, eussent les mollets mordus par cette fidèle moitié de l'espèce humaine, pourrait-on dire; car enfin cette race partage le foyer, les caresses et surtout le pain de l'homme qu'elle récompense souvent fort mal, cette enragée-là.

Pour revenir à nos moutons, c'est-à-dire à nos concertants, ils étaient dans le feu de l'exécution, lorsqu'un orage vint à fondre sur eux ; mais ils tinrent bon, les héroïques musiciens, électrisés qu'ils furent par le renfort inattendu qui leur arrivait du ciel, la foudre ne cessant de gronder. Quel vacarme! Quel tintamarre! On se serait cru à l'Opéra où l'on entend si souvent des accompagnements de ce genre; mais, cette fois, la partie de tonnerre était remplie par le grand machiniste chargé, là-haut, de cet emploi; et il tonnait en conscience, et avec beaucoup d'éclat.

Cependant la pluie tombait à seaux; et ils tenaient toujours bon, les braves concertants. Ils entouraient Charivari, leur idole, en colonnes serrées; mais pas un parapluie ne s'ouvrit pour le garantir, et il se refroidit.

Il devint malade tout-à-fait, et l'on fut obligé de le transporter à l'hôpital voisin. On le mit dans la salle dont les fenêtres donnent sur la rue.

On voulut bassiner son lit; dès qu'il aperçut la bassinoire, il en eut horreur. Voilà comme on tombe dans les excès contraires. Il l'aimait tant naguères, cependant, la bassinoire!

On lui offrit de l'eau sucrée chaude; il la repoussa. Il en avait tant reçu sur le dos (il est vrai qu'elle n'était ni sucrée ni chaude), que la vue de cet élément lui causa une répugnance invincible, au point que tous les médecins de la ville, qu'on avait appelés, prononcèrent le mot d'hydrophobie. Charivari les entendit et leur affirma qu'il n'avait été mordu par aucun chien. Les docteurs (d'accord cette fois, c'est à remarquer) lui répondirent d'une voix unanime qu'on pouvait gagner une bonne hydrophobie, en faisant ou même en écoutant de la musique enragée.

Ils lui ordonnèrent le silence et le sommeil. Mais il n'était pas facile de suivre cette ordonnance, en ce lieu, quelques-uns de ses amis s'obstinant encore, malgré la pluie et l'heure avancée de la nuit, à faire de la musique sous ses fenêtres.

Le moindre bruit lui causait des ébranlements atroces qu'il ne soupçonnait pas, quand il faisait un si grand tapage autour de l'asyle des souffrances, et auxquels il n'avait jamais pensé, d'autres fois, dans les autres quartiers où il y a toujours quelque douleur assoupie qu'il est cruel de réveiller.

Enfin, l'auguste malade allait fort mal ; au point qu'on sonna son agonie à la cloche du restaurant voisin.

Aussitôt toutes les vieilles sorcières du quartier, qui avaient assisté au sabbat, montent à cheval sur leur balai, et dans l'espérance de le ressusciter vont criant par toute la ville : « Charivari se meurt, Charivari est mort ! » Ce cri de désespoir retentit comme le fameux *Pan est mort* qui courut par toute la terre à la chute du paganisme, et partout où il retentit, il fut suivi des longs battements de mains de la population.

Et Charivari mourut, en effet, au milieu des applaudissements, et ce fut une joie générale.

Maintenant, disons un mot de sa famille : il était très-vieux, et il eut dans sa jeunesse des enfants naturels d'un caractère jovial, dont on riait quelquefois. Ils sont morts à la suite d'excès.

Marié depuis plusieurs années avec une vieille poissarde louche, hargneuse et de mauvaise foi, qui a nom la Politique, il en eût un fils légitime qui réside à Paris, où, sous le prétexte de faire son droit, il donne dans le travers.

Il ne sort pas des quartiers Breda et de la Boule-Rouge. Pendant des mois entiers, il improvise tous les jours les mêmes plaisanteries.

C'est le héraut de cette vieille opposition, *quand même*, à tous les actes, bons ou mauvais, de tous les gouvernements quelconques.

Il ne voit partout que mouchards.

Tous les braves gens commis à la garde des lois, le sont pour lui : les agents de police, mouchards ; les commissaires de police, mouchards ; les gendarmes, mouchards. Si l'un d'eux emmène en prison un tapageur qui crie, tout naturellement, *vive la liberté* ! il se met toujours du côté de l'empoigné, et vous prouve que le gendarme a tort d'avoir raison.

Cette feuille enfin est la vestale *chargée* d'entretenir en France le feu sacré de la Fronde, et elle fait bien la *charge*.

De toutes les plumes qui la composent, les plus spirituelles sont des crayons.

Mais revenons à son respectable père :

Il nous restait un devoir à remplir, à nous qui nous sommes fait l'historiographe de Charivari. Ce devoir, nous l'avons rempli consciencieusement ; nous avons enterré notre pauvre héros du mieux que nous avons pu, avec le cérémonial usité dans sa famille, et de la manière dont on enterre ses cousins *Carême-entrant*, à la fin du carnaval.

Nous avons commandé sa tombe à un modeste tailleur de pierres qui a fait à l'avance la sienne, pour servir d'échantillon à ses pratiques, et y grava lui-même son épitaphe (toujours pour échantillon) ainsi conçue :

« Ci-gît
(Ici le nom et l'adresse de notre modeste tailleur de pierres.)
« il fut le modèle des époux,
« des pères
« et de toutes les vertus. »

Bien que nous ne trouvions rien à redire à ce style lapidaire, nous avons pensé, pour l'épitaphe de Charivari, à l'Académie des Inscriptions, qui nous a envoyé celle-ci, sur l'air du *Roi Dagobert* :

Ci-gît Charivari ;
Il vint au monde à sa naissance,
Et mourut, en silence,
En poussant un terrible cri.
Feu de la Palisse
(Que Dieu le bénisse!)
Respirait encor
Avant d'être mort ;
Charivari, plus fort,
Respire encore après sa mort.

Nous avons conduit le deuil, nous-même, au milieu de la satisfaction générale.

Ses meilleurs amis, après moi, tenaient les coins (j'allais dire les tuyaux) du poële.

Et nous le portâmes à la Halle ; ces voûtes sombres et retentissantes nous ayant paru l'endroit le plus convenable pour son monument. C'est donc là que nous l'avons enterré, et nous avons bien vite placé sur lui une énorme pierre, dans la crainte qu'il ne vînt à ressusciter.

Ensuite, nous avons semé sa tombe de vieille ferraille et de vieux écheneaux, afin que les gendarmes

« Alors qu'ils passeront devant son mausolée,
« Réjouissent un peu son ombre consolée,

« En faisant, sans le vouloir,
« Tout comme lui, l'autre soir,
« De la musique endiablée. »

Et nous avons prononcé son oraison funèbre, à la manière de Bossuet, et d'une voix lamentable, toujours sur l'air du *Roi Dagobert* :

Adieu Charivari !
Tu fus roi ; ton règne est fini.
Dans l'éternelle nuit,
Tais-toi ; tu fis assez de bruit.
— Garçon qui t'ennuies,
Si tu te maries,
Donnes-nous un bal
Sans faute au Wauxhall,
Car feu Charivari
N'est, peut-être, hélas ! qu'endormi,

Et son fils ne mourra
Que quand la raison renaîtra ;
Hélas ! jusqu'à présent,
Il se porte parfaitement.
Il mord, à la ronde,
Il mord tout le monde ;
Mais, abandonné
Par chaque abonné,
Espérons que bientôt
Il suivra son père au tombeau.

VI.

PRESTO.

Ran, plan, plan, rataplan.

NOS TAMBOURS.

« L'éloquence est la plus belle musique : » Voilà ce que tout le monde disait ou pensait avec nous, en sortant du cours de M. D'Halluvin, professeur d'histoire.

Cependant, au milieu de ce concert d'éloges, les mots de *léger* et de *superficiel* ont été prononcés par quelques personnes qui ne comprennent pas qu'on puisse instruire en amusant (*utile dulci*).

Nous nous rangeons avec ces personnes-là, pour dire aussi au professeur qui voudra bien nous le permettre :

Oui, Monsieur, vous êtes léger; mais comme le cygne d'Islande qui voltige et s'enfonce dans les profondeurs éthérées, en chantant.

Oui, Monsieur, vous êtes léger; mais comme l'aérostat qui se balance dans l'air et transporte les savants par-delà les nuages, plus près de la lumière.

Oui, Monsieur, vous êtes léger et superficiel; mais comme le navire à vapeur qui vole sur la superficie des mers profondes, à la découverte de mondes nouveaux.

Merci ! vous avez crié devant nous « *Fiat lux*, » dans les ténèbres de l'histoire.

Adieu ! nous allons continuer notre petit air varié, dont le thème n'est pas aussi grave que le vôtre.

Cependant, avant de vous quitter, Monsieur, je fais une réflexion qui peût avoir son utilité pour notre ville :

Orphée remuait des pierres et des rochers en jouant de la lyre. Amphion a construit Thèbes au son du même instrument, c'est-à-dire par la force de l'harmonie, par la puissance de la parole.

A la place de M. le maire, je profiterais de votre séjour parmi nous pour vous faire transporter dans nos murs, et reconstruire en face de notre bibliothèque, une belle colonne romaine qui est perdue pour tout le monde, à Cussy. Ça n'est pas loin. Vous l'auriez bientôt amenée, pierre à pierre, et reconstruite dans l'ordre le plus parfait, en jouant de la lyre ; c'est-à-dire par la puissance de vos paroles harmonieuses et entraînantes. Oui, Monsieur, appuyez-nous de votre éloquence auprès de la Commission des Monuments historiques, parlez, et nous aurons notre colonne.

On prétend cependant qu'il est plus facile de détruire que de construire; et si Amphion a bâti les murs de Thèbes en jouant de la lyre, ceux de Jéricho sont tombés au bruit d'un charivari; que d'empires, de royaumes et de républiques tomberont encore à ce bruit-là !

Mais, puisque nous avons prononcé de nouveau le mot de charivari, c'est le lieu de parler de ces instrumentistes qui se rapprochent le plus de ce genre de musique, par la nature même de leurs instruments. Ce sont nos tambours.

Où diable les hommes, qui ont inventé le tambour, avaient-ils donc la tête et par conséquent les oreilles ? Tous les goûts sont dans la nature, excepté celui-là.

Il y a cependant des *dilettanti* qui aiment beaucoup ce tintamarre; et, lorsqu'il passe des tambours dans nos rues, on peut se convaincre, à l'affluence des personnes qui les suivent au pas, du plus près possible, que ce goût-là est une véritable passion ; car plus ils font de bruit, et plus il accourt d'amateurs, qui prétendent que plus il y a de tambours et plus c'est beau.

J'aurais cru le contraire, et, pour moi, la perfection du genre aurait été qu'il n'y en eût plus un seul dans toute l'Europe ; car je ne voudrais pas, comme certain héros de *la presse*, les supprimer d'abord en France ; je veux qu'ils se taisent en même temps partout, et partout en même temps ; tant qu'il y en aura ailleurs, j'en veux aussi dans mon pays.

C'est la question du désarmement général, dans laquelle les grandes puissances se disent l'une à l'autre, en se faisant force revérences : « —Commencez. — Non, après vous, je vous en prie. — Je n'en ferai rien; après vous, s'il vous plaît. —Après vous. — Après vous..... » Et ainsi de suite. Elles en sont toujours à ces préliminaires.

En attendant la fin de ce colloque, et les tambours paraissant encore indispensables au bonheur de l'humanité, reconnaissons que nous sommes bien partagés, et glorifions-nous des nôtres.

Ils ont un joli talent de société; tout le monde peut s'en convaincre au premier janvier, date à laquelle ils ressuscitent avec éclat, en venant nous souhaiter la bonne année et le Paradis à la fin de nos jours. (Il faudra que je m'informe s'il y a des tambours au céleste séjour : dans ce cas, je ne me presserais pas tant de faire mon salut.)

Quoi qu'il en soit, si nos tambours sont forts sur leur instrument, ils le doivent à de grandes dispositions particulières ; car je leur rendrai la justice de dire qu'ils ne s'exercent pas souvent, et ce n'est pas un reproche que je leur adresse.

Cependant il en est un parmi eux qui a beaucoup étudié, mais discrètement et à huis clos ; j'allais dire en silence. Je veux l'illustrer sans le nommer; mais tout le monde vous dira son nom.

Il n'a voulu se produire en public qu'après s'être bien assuré qu'il ne casserait les jambes à personne en battant de la caisse. Nous aimons chez les artistes cette défiance de soi-même si rare aujourd'hui, et nous applaudissons à ces consciencieuses études. Il a passé bien des jours et bien des nuits à se promener dans sa chambre, en tambourinant devant son miroir qui lui réfléchissait ses attitudes martiales, comme l'écho fidèle lui renvoyait les sons de son instrument ; et ce n'est pas une charge, écoutez : c'est la diane qu'il bat, car l'aurore le surprend à l'étude encore.

Mais tous ces talents sont devenus inutiles : nous n'avons plus de garde nationale, et nos tambours sont empilés dans un galetas silencieusement et tristement, les uns sur les autres, comme ceux qui forment la colonne de Juillet. *Requiescant in pace!*

Si quelque *rat* résonne encore, par hasard, sur leur peau détendue, ce n'est qu'une souris qui vient la grignoter, à l'étourdie, en jouant ; mais ce n'est pas (je préviens les amateurs de ces petits monstres à deux têtes, connus sous le nom de calembours, que celui-ci fut tiré par la queue du trou obscur où il me fuyait, et qu'elle m'est restée dans la main ; je la leur abandonne) mais ce n'est pas, dis-je, un *rat à plan* de destruction bien arrêté ; car ils sont conservés avec beaucoup de soin, nos tambours, et ils sont encore tout prêts à nous conduire à la victoire, au pas de charge, si nos frontières étaient menacées.

Nos ennemis apprendraient alors que l'ancien tambour du brave père Carton n'est pas un tambour de papier mâché.

Mais pour le moment, ils reposent en paix, ces belliqueux instruments, à côté des clairons silencieux de feue notre artillerie, dont les canons nous ont été enlevés par *dol.*

Consolons-nous, il nous reste encore un palladium ; c'est la *demoiselle* (1) qui, vierge de sang humain, ne sert qu'à annoncer des fêtes, et dont la fidélité égale l'éclat ; ainsi nous pouvons dire hardiment : « *Tout est perdu, fors l'honneur.* »

L'HONNEUR.

AIR du *Vaudeville de la Robe et les Bottes.*

I.

Enfants gâtés de la victoire,
Nous croyons toujours au succès ;
Je lis pourtant dans notre histoire :
« Pavie et Waterloo. » — Français,
Plus de guerre qu'en représaille :
Attaqués, battons-nous de cœur ;
Et si nous perdons la bataille,
Que tout soit perdu, fors l'honneur.

II.

Crains, en valsant, ô jeune fille !
Celui qui te presse la main ;
C'est un serpent qui t'entortille;
Ne lui réponds qu'au mot d'hymen.

(1) C'est le nom d'un petit canon fondu sous Louis XV, comme l'indiquent les dauphins qu'il porte.

S'il ajourne, alors, ta conquête,
Ferme lui l'oreille et ton cœur ;
Mais, si d'amour tu perds la tête,
Que tout soit perdu, fors l'honneur.

III.

La bonne foi, dans le commerce,
C'est de l'argent et du crédit;
Quand la chance devient adverse,
Honte à celui qui se dédit !
Mais respectons, dans l'infortune,
Celui qui, manquant par malheur,
Peut dire, en perdant sa fortune,
Que tout est perdu, fors l'honneur.

IV.

Ainsi, dans le cours de la vie,
Suivons toujours le droit chemin ;
Et quand nous perdons la partie,
Rentrons au jeu, le front serein.
Luttons contre le sort rebelle ;
Sans reproche, soyons sans peur ;
Et puis, si nous perdons la belle,
Que tout soit perdu, fors l'honneur.

VII.

BRIO.

Tromp, tromp, tromp.
FANFARE.

Que signifient, dans la chapelle du Collége, ces fanfares qui sonnent si à propos, pour servir de ritournelle à mes couplets sur l'honneur ?

Entrons. Ah ! c'est une distribution de prix (1) : et clairons, trombonnes, ophicléides éclatent de nouveau après les discours officiels, sous cette coupole aussi élégante que celle du Panthéon. *Piano* donc, Messieurs! Vous allez en faire crouler les murs comme ceux de Jéricho.

C'est vraiment un vacarme à réveiller les morts ; nous ne sommes cependant pas encore à la fin du monde, mais seulement à celle de l'année scolaire, et ces cuivres, Dieu merci ! ne sont pas les trompes du jugement dernier ; ils donnent seulement le signal des récompenses qui vont être distribuées aux bons écoliers, pendant que seront précipités dans les tourments de la punition, les..... les quoi ? C'est moi qui reste coi. Cette phrase quelque peu emphatique me rappelle celle-ci d'un ancien professeur de rhétorique, amant passionné des belles fi-

1. Pour donner une idée de l'importance de nos distributions de prix, il nous suffira de dire que M. Battaut, libraire, a vendu, lui seul, cette année, pour plus de 6,000 fr. de livres à cette occasion.

gures : « Messieurs, disait-il aux paresseux de sa classe, vous recevez « la grêle de mes reproches sous le parapluie de l'indifférence ; mais, « au prochain examen, je vous immolerai sur l'autel de la honte, avec « le couteau de la confusion. »

Moi, je ne vois ici personne à immoler sur ledit autel ; je cherche au milieu de cette charmante foule d'écoliers, et je n'en trouve pas de méchants à précipiter dans les flammes pour finir ma phrase inachevée tantôt. C'est une phrase perdue : quel dommage ! mais pour nous en dédommager (car on aime tant à critiquer), nous allons dire, par parenthèse, nos impressions sur ces solennités classiques, qui ont toutes nos sympathies.

Nous tâcherons de n'éveiller aucune susceptibilité, et, comme en fait d'enseignement ou de gouvernement, nous ne tenons pas aux formes, mais aux résultats seulement, tout en rendant justice à chacune d'elles, nous ne voulons pas établir de rivalités entre nos écoles.

Gardons-nous d'allumer leurs fureurs mutuelles,
En adjugeant la pomme, à l'instar de Pâris ;
Pallas, Junon, Vénus, toutes les trois sont belles :
Donnons-leur *ex-æquo,* la couronne et le prix.

Oui, nous allons leur donner, à chacune, un petit morceau de pomme, au lieu d'attribuer tout entier à une seule, ce beau fruit de la science, qui n'est plus défendu.

Commençons par l'Ecole des Frères dont la distribution des prix a ouvert ces fêtes.

Tout a été dit, beaucoup mieux que je ne le ferais, sur leur enseignement, qui donne d'excellents résultats et qui inculque à leurs élèves le sentiment du devoir avec le sentiment religieux ; mais à nous les beaux-arts. Nous avons déjà parlé de leur petit conservatoire de musique, parlons maintenant de leur cours de déclamation.

Ils seront peut-être peu flattés du compliment que je vais leur faire; tant pis pour eux, aussi ! Pourquoi donnent-ils de si bonnes leçons, dont quelques élèves profitent si bien ? Ils en ont un qui a joué avec tant de naturel le rôle du Jardinier dans la charmante pièce de *Fanfan et Colas*, que je crois vraiment qu'ils couvent un Levassor dans leur sein.

Après celle de l'Ecole des Frères, nous avons assisté à la distribution des prix du pensionnat de M. Comboulot.

Que ces bambins sont heureux d'avoir des pensions comme celle-là! Les enfants sont si bien dans cette jolie cage qu'ils la préfèrent au nid maternel, et même à la liberté ; car, dès qu'ils en sont dehors, ils la regrettent, et ils y revolent en chantant comme des pinsons.

Après la distribution des prix chez M. Comboulot, c'est celle du Collége, à laquelle nous assistons maintenant.

Salut, vénérable chapelle, où jadis j'ai servi la Messe avec un recueillement dont je me récompensais, moi-même, aussitôt après le *Ite, Missa est*, en vidant le vin sacré qui restait dans la burette, à la sacristie. Que c'était bon! C'était une bénédiction! C'est là où j'ai commencé mes études œnologiques et mon cours de dégustation. Je m'en confesse : *In vino veritas.*

Mais ces temps ne sont plus, regrettons-les, *laudator temporis acti*, tout en rendant justice au temps présent où les écoliers ont bien d'autres aubaines que des restes de vin dans une petite burette ; aussi voyez-les : comme ils sont gras et frais! Ils seraient mal venus de dire, comme nous le faisions autrefois à nos parents, pour les appitoyer : « On est mal nourri. » Ils n'ont inspiré de pitié à personne. Aussi la distribution des prix du Collége s'est-elle faite joyeusement.

On a regretté de ne voir sur l'estrade d'honneur aucun représentant du clergé.

Est-ce que, par hasard, ces messieurs n'auraient pas encore pardonné leur victoire à l'Université qu'ils ont battue?... Ce serait peu évangélique.

Nous aimons mieux supposer que d'impérieux devoirs les ont empêchés d'assister à la fête de notre Collége, ce fils de l'Université.

Tout s'y est passé avec ordre, et avec une certaine gaîté, qui va nous enhardir à faire tout haut une remarque faite tout bas par beaucoup de personnes. Toutefois nous allons mettre des gants. — « Mais « c'est donc un soufflet que vous voulez donner? — Non, je n'en ai jamais donné à personne, bien qu'il y ait des ames charitables qui « voudraient faire passer pour tels mes coups de patte les plus inoffensifs. »

Nous allons donc mettre des gants pour dire que nous trouvons ridicules les baisers officiels distribués aux distributions de prix. — « C'est cependant bien attendrissant, me répondrez-vous. — J'en conviens : on dirait, en effet, de tourtereaux qui se becquettent; c'est vraiment touchant : mais c'est ridicule ; les Anglais diraient *shocking!* C'était bon avant la révolution, alors qu'il y avait encore des enfants; mais maintenant qu'il n'y en a plus, supprimons cet usage.

Écoliers, mes amis, serrez avec bonheur la main à ceux qui vous couronnent; ils vous la tendent affectueusement, comme il convient à des hommes de le faire entr'eux ; mais respectez ces joues et ces mentons respectables, déjà bien assez mortifiés par le rasoir.

Allez, allez plutôt baiser vos sœurs et vos mamans émues, dont le cœur se gonfle de joie et d'orgueil à vos nominations, et qui éclatent en sanglots en vous voyant avec vos prix sous le bras. Embrassez-les bien, pour les consoler de vos succès qui les font tant pleurer, et tâchez de ne leur faire jamais verser d'autres larmes.

Pendant que nous avons nos gants, nous dirons encore aux écoliers (pardon, à messieurs les écoliers), qu'ils ont tort de jeter dédaigneusement leurs couronnes en tas. Nous savons fort bien que cet ornement n'a plus grande valeur, et n'a qu'un éclat éphémère; « mais cependant, mes amis, gardez les vôtres ; elles ne sont pas d'or, elles sont de lierre, et n'en sont que plus solides. »

Nous avons remarqué avec plaisir, parmi toutes ces couronnes de lierre, des couronnes de laurier destinées aux lauréats de l'école de dessin. C'est bien ; ces feuilles de vrai laurier sentent les beaux-arts et me rappellent ces glorieuses branches de bois ciselé que notre excellent sculpteur, M. Bonnet, a mêlées, avec tant d'amour, à tous les trophées dont il a semé nos maisons.

Mais pourquoi donner en prix aux lauréats de l'école de dessin des médailles qui ne représentent rien, qu'une pièce de cinq francs ? Ne vaudrait-il pas mieux remplacer ces médailles, qui n'ont aucun rapport avec les talents qu'elles ont pour objet de récompenser, par des albums de gravures, des vases, des statuettes, etc., etc.

Pendant que nous sommes dans les pourquoi, nous dirons encore :

Pourquoi avoir supprimé la fanfare à chaque prix, comme elle était en usage de mon temps. Je me rappelle à ce propos un artiste qui n'est plus, et qui m'a fait bien plaisir, une fois dans sa vie :

Voici à quelle occasion : c'était la distribution des prix du Collége. A chaque premier et second prix, le père Martin, à la belle figure animée et épanouie comme une rose pourpre, embouchait la trompette héroïque et jouait une fanfare. Je trouvais que la trompette était un instrument beaucoup trop éclatant pour une salle fermée ; ça m'écorchait les oreilles, c'était un vacarme épouvantable, et je n'appréciais pas du tout le mérite de l'artiste qui, selon moi, sonnait beaucoup trop fort. Tout-à-coup on me nomme pour un premier prix ; — quand je dis premier, entendons-nous, car je n'en veux pas faire accroire ; c'était un second prix, mais c'était le premier que je recevais ; — mon nom, dis-je, est proclamé : le père Martin embouche la trompette et joue une fanfare... Oh ! que c'était suave! Seulement, tout en rendant justice au talent de l'artiste, que j'avais méconnu jusqu'alors, je trouvais qu'il ne sonnait pas assez fort, et je reconnus ce jour-là que la trompette héroïque était le plus doux des instruments.

Eh bien ! puisqu'on l'a supprimée, nous allons la remplacer aujourd'hui, la fanfare ; nous allons nous faire trompette un instant.

Tromp, tromp, tromp : c'est Legouy qui a obtenu le plus de prix chez les Frères !

Tromp, tromp, tromp : c'est Ernest Boulée qui a obtenu le plus de prix dans l'institution Comboulot !

Tromp, tromp, tromp : c'est Depautaine qui a obtenu le plus de prix au Collége.

Tromp, tromp, tromp : c'est Maufoux qui a obtenu le plus de prix à *l'Ecole mutuelle.*

Cette importante école est on ne peut mieux dirigée par M. B....... . qui, quoiqu'on ait voulu dire, sait bien empêcher ses élèves de construire des petites barricades avec leurs livres, au milieu de la classe, pour monter à l'assaut des professeurs, et leur faire signer des décrets de vacances perpétuelles.

M. B......... sait, mieux que personne, que ce n'est pas précisément l'esprit d'indépendance qui manque à la génération qu'il élève.

Mais voici les vacances; donnons congé à nos lecteurs, et finissons par un dernier mot.

Parmi toutes les couronnes de lierre et de laurier qui ont été distribuées, il en est une plus jolie que toutes les autres ; c'est une couronne de roses blanches décernée, dans la pension de Mademoiselle B...., par les élèves elles-mêmes, à celle d'entr'elles qu'elles aiment toutes le plus. C'est mademoiselle V. L.... qui a été couronnée ; et ces demoiselles me permettront de leur improviser une petite allocution que j'ai préparée pour cette circonstance :

« Jeunes élèves,

« Rien ne vaut la bonté ; vous... vous... nous... nous... je... je .. » je prends mon mouchoir, car mes yeux se mouillent, et je me sens trop ému pour continuer. En effet, qui ne serait attendri, en voyant toutes ces bonnes mères de famille venues là, le cœur gonflé, tout à la fois, d'amour, d'orgueil et de pressentiments, pour assister aux premiers succès de leurs chères enfants ? Qui ne serait touché à l'aspect de toutes ces jeunes filles ?

Combien d'entr'elles, hélas! sentiront des épines dans les couronnes de fantaisie dont elles se pareront bientôt pour le bal! Combien en sentiront même dans la couronne de fleurs d'oranger qui tremblera sous leur voile nuptial! Et combien n'auront que des couronnes d'immortelles..... sur une tombe!

. . . .

Ah! ces pensées peuvent bien provoquer les larmes... et « *Vivent les vacances!* » Ce cri de joie jeté, en passant, par les écoliers qui sortent du Collége, ramène le sourire sur tous les visages, et me rappelle l'âge heureux où je jetais aussi cette joyeuse exclamation aux échos et aux murs que je charbonnais.

Viv' lé vakanse ! ! Doudou cera pandut !

C'est ainsi que, de mon temps, le lauréat souvent qui avait obtenu dans sa classe un prix d'*aurthografe*, écrivait ces mots sous les yeux même de notre bon commissaire de police d'alors, M. Oudot, que nous appelions Doudou, en sifflant à ses oreilles dans un appeau à *vinettes* (1), et en nous sauvant; car il nous inspirait une grande terreur, sinon un grand respect, avec son haut tricorne et sa queue poudrée, mais peu phalanstérienne : il ne nous voyait jamais écrire sa sentence partout : sur les murs, sur les arbres, sur sa porte, et même sur un petit morceau de papier que le plus hardi d'entre nous allait attacher avec une épingle aux larges basques de son habit alezan doré. — Une pensée nous console dans nos regrets de l'avoir tant tourmenté, ce digne commissaire de police : c'est l'espoir que les tribulations dont nous l'avons abreuvé ici-bas lui auront

(1) C'est ainsi qu'en Bourgogne on nomme les becfigues qui viennent picorer dans les vignes au mois de septembre.

compté là-haut, et qu'il est dans le séjour des Bienheureux, où il ne voit plus, sur les murs, cette sentence illustrée par un premier prix de dessin :

Doudou cerat pandu :

L'AGENT DE POLICE.

Air : *Au clair de la lune.*

I.

L'agent de police
Est doux, brave et fort.
En tous lieux, le vice
Est de son ressort.
On montre, en vain, cornes,
Poings, griffes et dents ;
Dès qu'on sort des bornes,
Il vous met dedans.

II.

Il guette et conjure
La fraude partout ;
Par poids et mesure
Il procède en tout.

Il fait l'équilibre
De toute façon :
Quand on est trop libre,
Il met en prison.

III.

Quand, quand à la danse,
Quand on fait ce pas
Que, par révérence,
Je ne nomme pas ;
Quand, en rue, on aime
Musiquer, la nuit :
Au violon même
Il mène sans bruit.

IV.

Dès que le désordre
Quelque part prévaut,
Par ses soins, dans l'ordre
Tout rentre aussitôt.
Qui donc le critique ?
Le filou qu'il suit ;
Qui lui fait la nique ?
Le voleur qui fuit.

V.

Qu'à l'aide on l'appelle :
Vite à l'aide il vient ;
Qu'un homme chancelle :
Vite il le soutient ;
Qu'un autre se noie :
Il lui tend la main.
C'est, sur notre voie,
Le Samaritain.

VI.

Dans les incendies
Qu'il se conduit bien !

Qu'il sauve de vies !
Qu'il sauve de bien !
Des faibles, en rue,
C'est le paladin :
Honte à qui le hue !
A lui gloire, enfin !

VII.

Le gamin rebelle
Est roi, dans Paris :
De Polichinelle
C'est le digne fils ;
Mais, pour sa malice,
On l'exalte en vain :
L'agent de police
Est le plus malin.

VIII.

C'est, à notre époque,
C'est l'unique frein.
Du ciel on se moque ;
L'enfer n'est plus craint.
Pour le populaire,
Oui, le Diable est mort ;
Mais le commissaire...
C'est le diable encor.

VIII.

ADAGIO.

(PIANO, GRAZZIOSO.)

La...........

Un diapason.

Mais, changeons de ton et mettons des bémols à la ligne, pour parler des pianos avec toute la douceur possible.

Commençons par rendre hommage, avec tout le monde, à mademoiselle G.... et à mademoiselle H..., pour leur talent d'abord, et ensuite pour la bonne grace avec laquelle elles font, à-peu-près seules, tous les frais de nos concerts; car, il faut bien le dire, les amateurs de l'un et de l'autre sexe qui pourraient les rendre si attrayants, en s'y faisant entendre, s'abstiennent par une fausse modestie.

Nous les en blâmons tous, hautement; et ce blâme retombe sur beaucoup de têtes; car dans quel quartier de notre ville, dans quelle rue, dans quelle maison, à quel étage n'entend-on point en passant, les sons d'un piano ou d'éclatantes roulades? En sorte que les mêmes personnes qui se croiraient perdues si elles disaient une romance, ou si elles touchaient une sonate devant une centaine d'auditeurs, à la Salle des concerts, se font bravement entendre, par leurs fenêtres ouvertes, de la ville entière.

Tous ces clavecins témoignent des progrès de la civilisation. Cependant, nous sommes, sous ce rapport, loin encore de l'Allemagne où l'on voit de ces meubles partout, même dans des chaumières.

Nous en viendrons là aussi, il faut l'espérer, car le goût et l'intelligence de la musique se propagent rapidement chez nous, grace à nos excellentes maîtresses de piano, parmi lesquelles il ne faut pas oublier madame U.... qui l'enseigne avec beaucoup de succès, ni mademoiselle N.... dont nous ne pouvons rien dire, ne l'ayant jamais entendue.

Quelle fleur pourrions nous d'ailleurs ajouter aux couronnes dont cette jeune personne a été chargée dans la célèbre maison où elle a reçu une éducation si brillante?

Ainsi, nous sommes riches en pianistes de talent ; mais, nous sommes moins heureux pour le chant, et les concerts où il manque sont comme des repas où manquerait le vin. Hélas! en fait de musique, on ne nous donne que de ces repas-là; car, chez nous, les jolies voix s'élançant avec légèreté d'une poitrine de sirène, sont plus rares que les jolis doigts courant avec agilité sur un clavier.

Nous en connaissons cependant ; mais elles ne chantent que dans la solitude, comme les rossignols. Nous en savons une, entr'autres, dont le nom, si elle se faisait entendre en public, volerait rapidement à la célébrité avec ses deux *L*. — Jenny *L*ind n'en a qu'une, et cependant Dieu sait (par les journaux de New-York, qu'il voit avant nous) jusqu'où ce nom est allé, et jusqu'où il ira encore.....

Il est probable, au train dont ils y vont, que les Américains réviseront avant peu leur constitution, et qu'ils transformeront, d'un commun accord, leur république en monarchie, pour faire leur reine du *rossignol suédois*, (1) comme Caligula fit un consul de son cheval favori. (2)

J'ai d'avance, sur ma carte de géographie, substitué au nom d'Etats-Unis, celui de royaume de Lindomanie

A propos de célébrités, nous croyons pouvoir citer madame Saint-Ph.... parmi nos artistes; car elle fait chaque année un petit séjour

(1) C'est ainsi que Jenny Lind est toujours désignée en Amérique.

(2) Tout le monde connaît le quatrain suivant :

« Caligula, tyran de Rome,
« Fit un consul de son cheval ;
« Napoléon, en plus grand homme,
« De *Lannes* fit un maréchal.

dans notre ville, où nous l'avons souvent entendue. C'est un talent vraiment classique et charmant. Le piano, sous ses doigts, ne produit pas ce clapotage monotone qui finit par endormir les plus éveillés.

Aux sons prolongés qu'elle en tire, on dirait presque d'un instrument à vent. Elle n'en touche pas comme tricote une bonne femme, avec plus ou moins d'agilité ; non, ce n'est pas chez elle un exercice machinal des mains, c'est la traduction harmonieuse de ses propres inspirations ou du génie des grands maîtres qu'elle interprête admirablement.

Personne ne m'a fait autant de plaisir qu'elle, sur cet instrument, si ce n'est madame Pleyel ; mais, j'ai peut-être bien écouté cette dernière, qui est d'une beauté remarquable, plutôt avec les yeux qu'avec les oreilles.

Oui, certes, je préfère le talent naturel de ces dames à cette prestidigitation avec laquelle les grands pianistes d'aujourd'hui escamotent une renommée exagérée. Ce n'est plus de la musique, ce sont des tours de force qu'ils exécutent.

Ce ne sont plus des musiciens, ce sont des Hercules du Nord, de vrais Briarée, enfin, qui ont quatre mains à chaque poignet et dix doigts à chaque main, et qui enlèvent, à bras tendus, une prodigieuse quantité de quadruples croches. Rien ne leur semble impossible ; voici cependant une preuve du contraire :

Mozart, tout le monde le sait, était un grand pianiste, dès l'âge de huit ans même ; mais son jeu n'était pas une suite étourdissante de jongleries sans idées ; c'était au contraire une suite d'idées sans jongleries. Aucune note n'était vide de sens sous ses doigts, pas plus que dans ses immortelles partitions où l'harmonie et la mélodie se marient si bien. C'est le Raphaël de la musique : il a le dessin et la couleur ; et l'art fit la moitié de sa vie, comme il forme la moitié de son nom. Il touchait donc très-bien du piano, mais simplement.

Or, un jour il se trouva en société chez l'empereur d'Autriche, avec un de ces fiers-à-bras dont nous parlions plus haut. Celui-ci ne manquait pas d'un certain savoir-faire, et, sans être compositeur, il jouissait d'une grande réputation d'exécutant ; mais surtout il avait beaucoup d'audace ; il ne doutait de rien, et se vantait de jouer à première vue les morceaux les plus difficiles ; ajoutons qu'il était camard.

Mozart, qui avait au contraire le nez long et fin, choqué du ton de supériorité que prenait sur lui cet artiste, lui dit tout haut : « Mon-

« sieur, je vais écrire un accord ; je vous parie 25 louis que vous ne « pourrez pas l'exécuter en entier, et que moi, Mozart, j'en ferai parler toutes les notes. » — L'artiste sourit, alla prendre une feuille de papier et la lui présenta, en disant : « Je tiens le pari, écrivez ! » Et Mozart écrivit ce fameux accord dans lequel il y avait des notes aux deux extrémités opposées du clavier, et une note unique au beau milieu.

Il mit le papier sous le nez de l'artiste camard qui était déjà assis au piano et préludait agréablement au milieu de l'impatience et des causeries bourdonnantes de la société, juge de ce pari.

Dès qu'il eut regardé l'accord en question, il se leva et dit à Mozart : « Monsieur, c'est une mystification, cette musique est impos- « sible. » — « Pas pour moi, répondit Mozart qui, s'asseyant au piano, étendit solennellement l'une et l'autre main à chaque extrémité du clavier et fit bel et bien sonner la note du milieu... avec le bout de son nez. Tout le monde d'applaudir, en riant aux éclats et en criant : « Bravo Mozart ! gagné, Mozart ! » Et l'artiste camard eut un pied de nez, en lui comptant les 25 louis convenus. En outre, l'Empereur d'Autriche, en belle humeur, voulant le récompenser, par où il l'avait diverti, lui fit présent d'une large tabatière enrichie de pierreries. Vous voyez que ce jour-là, il ne joua pas pour *le roi de Prusse.*

Sans produire toujours d'aussi beaux effets, le piano est certainement le plus agréable des instruments et le plus *commode* aussi.

Il est monotone et soporifique dans le concerto, j'en conviens ; mais c'est sur son clavier que les compositeurs fixent le mieux leurs inspirations innées, et en trouvent le plus facilement de factices. Comme l'orgue, dont il n'a cependant pas la solennité, c'est un orchestre complet : on peut se jouer à soi-même, l'opéra, au piano, avec une partition sous les yeux, comme on se donne la comédie au coin de son feu, un Molière en main ; et c'est l'instrument qui accompagne le mieux le chant, depuis l'air de bravoure dans lequel les rois déclarent la guerre à leurs ennemis qu'ils envoient promener, en *ut*, jusqu'à la romance dans laquelle ils déclarent leur amour, en *si*, aux bergères qu'ils épousent dans le même ton. Exemple :

LE ROI ET LA BERGÈRE.

(Air : *Jeune fille aux yeux noirs.*

—Que fais-tu dans ce bois, jeune fille égarée ?
—J'ai compté mes moutons, et je cherche un agneau.

—Moi, j'ai laissé piqueurs et chiens à la curée ;
Je reviens de la chasse et je rentre au château.
—Lune absente
Es-tu lente !
Ah! pour moi,
Lève toi ;
Viens, éclaire
La bergère !
—Dans la nuit,
Rien ne luit.

Pas une étoile au ciel, tout est plongé dans l'ombre.
Mais voici, belle enfant, un ver luisant, là-bas.
Prends-le, penche vers lui ton front, dans la nuit sombre ;
Car je veux voir tes traits que je ne connais pas....
Cette lampe
Brille et rampe
En tes mains
Aux doigts fins,
Et t'éclaire :
O Bergère !
Dans tes traits
Que d'attraits !

Ta beauté rayonnante au sein de la nuit sombre,
Illumine, à mes yeux, tout le bois enchanté ;
Et ce doux ver luisant, flambeau d'amour dans l'ombre,
Allume aussi l'amour, dans mon cœur agité.
O Bergère
Bocagère,
Je suis roi,
Viens, suis moi !
Je te donne
Ma couronne
Et ma main.....
Dès demain.

IX.

CANZONE.

Tra, la, la, la, la, la, la, itou !
La Tyrolienne.

Après la romance, une mélodie ne ferait pas mauvais effet, qu'en dites-vous ? Aussi bien, il me semble avoir aperçu dernièrement dans nos murs, un élève du Conservatoire, M. P...., notre concitoyen, dont on nous avait fait espérer un concert.

Nous regrettons qu'il soit reparti sans le donner, car sa voix est pure et sympathique, et il n'eût certainement pas chanté dans le désert, si ce n'est peut-être dans celui de Félicien David dont il soupire les mélodies avec beaucoup de charme.

En voici une que je lui offre.

DÉCEMBRE.

I.

Grillon folâtre,
Hôte charmant
Qui, si gaîment,
Chantes, dans l'âtre,
Que ton doux bruit
Me plaît, la nuit !

II.

Les oiseaux fuient
Devant le froid ;
Seuls, sur mon toit,
Les hibous crient ;
Mais ton doux bruit
Me plaît, la nuit.

III.

Epaisse est l'ombre ;
Il pleut ce soir.
Le ciel est noir,
Mon ame est sombre ;
Mais ton doux bruit
Me plaît, la nuit.

IV.

Dans ma tristesse,
Je lève aux cieux
En vain les yeux :
Dieu me délaisse ;
Mais ton doux bruit
Me plaît, la nuit.

V.

Joie ou tristesse,
Tout finira ;
La mort viendra :
Ma lampe baisse.....
Mais ton doux bruit
Me plaît, la nuit.

VI.

Grillon folâtre,
Viens, de nouveau,
Sur mon tombeau,
Comme à mon âtre ;
Car ton doux bruit
Me plaît, la nuit.

Oh ! oh ! oh ! oh! Qu'entends-je? C'est encore un élève du Conservatoire, *il signore* Bouch... Ah diable ! j'oubliais qu'il n'est qu'amateur, et j'allais le nommer en toutes lettres, comme un artiste. Il est bien permis de s'y tromper, quand on l'entend.

Nous tairons donc son nom ; nous serons discret comme la statue d'Harpocrate, et nous dirons seulement, en mettant le doigt sur notre *bouche : art*, souplesse, timbre, étendue, il a tout, même l'inspiration, car il a fait graver de charmants *lieder* de sa composition.

Je lui offre le suivant :

MAI.

I.

Grillon folâtre,
L'hiver a fui :
Laissons l'ennui
Au coin de l'âtre :
Viens au sillon,
Joyeux grillon !

II.

La terre est verte ;
Elle renaît ;
De fleurs elle est
Partout couverte :
Chante au sillon,
Joyeux grillon !

III.

Les oiseaux chantent
Tous à la fois ;
Champs, prés et bois
D'amour fermentent :
Chante au sillon,
Joyeux grillon !

IV.

Plus de nuage ;
Quel beau ciel bleu !...

Rendons à Dieu
Rendons hommage :
Chante au sillon,
Joyeux grillon !

Nous citerons encore un jeune compositeur de notre ville, M. d'I... dont le talent précoce s'est révélé, il y a plusieurs années, dans une Ouverture qui fut exécutée par l'ancienne Société philharmonique. —D'une ouverture à un opéra il n'y a qu'un pas, et cet élève du savant harmoniste Muller, franchira, ou plutôt a franchi ce pas avec succès ; car tous ceux qui connaissent la musique du petit Opéra qu'il vient d'achever, s'accordent pour en faire l'éloge, et il me semble ouïr déjà au théâtre de Lyon, où doit être jouée cette œuvre de notre jeune *maestro*, les applaudissements du public,

Comme d'un cheval au galop
De loin, dans la campagne, on entend le sabot.

Quadrupedante putrem sonitû quatit ungula campum :

Ce fameux vers latin me revient à la mémoire, en entendant tout-à-coup une musique à laquelle personne n'est indifférent dans notre ville. Qui de nous, en effet, n'aime le bruit

Des maillets au galop courant sur les tonneaux,
Tels que sur le pavé trois ou quatre chevaux ?

Quel ensemble, quelle mesure invariable, et quelle cadence harmonieuse !

Il y a cependant des barbares qui goûtent peu cette harmonie-là, et qui donneraient volontiers des coups de foret dans les instruments... pour goûter autre chose.

Notre spirituel Armand Gouffé, lui-même, n'a pas compris cette dive musique, et l'a fort maltraitée dans certaine complainte adressée à la Vierge, patronne de Beaune, et dont voici le refrain :

« Vive le vin ! mais, Vierge sainte
« Délivre-nous des tonneliers ! »

Ces vers bien frappés ont retenti à nos oreilles comme des coups de maillet sur la chasse et ont provoqué des réponses bien frappées aussi, de la part de MM. V.... J. P..., A. G... de notre ville, et L. D. R... de Dijon. En vrai *dilettante* toujours charmé d'entendre le bruit du maillet, je dirai seulement que cette complainte fut une inconséquence de la part du chansonnier qui a si bien célébré les

« Francs buveurs que Bacchus attire
« Dans *ces retraites* qu'il chérit. »

—Que de belles voix on entend dans ces lieux-là ! C'est d'une cave qu'est sorti Poultier, et c'est là que M. Gaul... chante des tyroliennes avec une grande perfection. Nous citerons aussi, en passant, les voix remarquables de MM. Gu... et M...

On aime la chanson, chez nous, et nous possédons beaucoup de ces musiciens naturels qui distinguent à peine une noire d'une blanche, mais qui ont le gosier souple et du goût. Ce sont, pour la plupart, de bons enfants venus au monde en chantant, au lieu de pleurer, et qui continuent toute leur vie sur ce ton-là, les bons vivants ! Si la clé de sol leur est étrangère, ils connaissent très-bien celle du caveau.

C'est pour eux que les Panard, les Collé, les Désaugiers et les Gouffé ont, sous leurs doigts légers, fait résonner je ne dirai pas la lyre, mais le verre, ce joyeux harmonica dont ils ont tiré tant de jolis couplets ; et, à ce propos, nous nous reprochons déjà notre critique de tantôt sur un absent, hélas ! qui ne peut pas nous répondre. Avant de passer outre, saluons-donc sans tristesse, mais non sans regrets, son ombre peu plaintive.

UN MEMBRE DU CAVEAU.

Saluons, sans gémir, le jovial tombeau
D'Armand Gouffé, toujours vrai membre du *Caveau :*
Gai troubadour, il chante encore sur sa tombe, (1)
Et semble n'être allé dans cette catacombe
Que pour avoir le mot de la charade, enfin,
Qu'aux vivants, comme un sphinx, la Mort propose en vain.

(1) Louis-Armand Gouffé de Beauregard, né à Paris, le 22 mars 1775, est mort,

Il a du trépas même éloigné la tristesse ;
La sérénité d'âme est toujours la sagesse.
Gloire donc et respect à ce bon compagnon
Qui, bien que Parisien fut un franc Bourguignon.
Oui, ce poète aisé, fin avec bonhomie,
Est à nous : il vécut dans notre ville amie,
Et, s'il naquit ailleurs, c'est là qu'est son tombeau :
La terre où l'on repose est un second berceau.

A d'autres les fadeurs et les fadaises de ces opéras où l'on ne fait que geindre et roucouler en mauvais français !

Francs buveurs, chantez-nous les joyeux refrains d'Armand Gouffé. A vous, toutes ses chansons ! à vous tous les trésors de notre poésie nationale : A vous les odes de Béranger : c'est pour vous que celui-là fit vraiment sonner la lyre.

Nulle part il n'a été plus et mieux chanté que dans notre ville : Je me rappelle à ce sujet un aimable vieillard qui fut chez nous le type de la convivialité.

Quelle belle tête chauve c'était ! Son front s'épanouissait à table,

le 30 octobre 1845, à Beaune, où il a passé les vingt dernières années de sa vie.— Voici son couplet final, tel qu'il est gravé sur sa pierre tumulaire :

Le plus gai troubadour,
Au bout de sa carrière,
Veut tracer sur la pierre
Quelques mots à son tour :
Rimeur vieux et perclus,
J'adopte et je paraphe
Cette courte épitaphe :
« *Ci-gît un mort de plus.* »

Armand Gouffé.

Ce charmant vaudevilliste composa en dernier lieu beaucoup de *charades;* mais sous ce titre modeste, il nous donnait de véritables bijoux étincelants d'esprit.

Il a rehaussé ce genre infime au niveau du conte, comme Béranger a élevé l'humble chansonnette à la hauteur de l'ode.

Dans les *charades* d'Armand Gouffé, il y a matière pour un joli volume qui, réuni au recueil de ses chansons, dont une grande partie est encore inédite, piquerait vivement et satisferait la curiosité de beaucoup de monde.

comme son cœur, et sa voix aussi gaie que spirituelle s'adaptait à merveille aux couplets philosophiques.

Il était l'ame de ces bons repas qui commençaient à midi et finissaient à minuit, et dans lesquels on savourait avec intelligence les meilleurs vins et les meilleures chansons : c'était le Clos-Vougeot, c'étaient *les Clés du Paradis* ; c'était la Romanée, c'était *Mon Ame ;* c'était le Chambertin, c'était *le Dieu des Bonnes Gens.* Il semblait vraiment que cette ode-là eût été faite exprès pour M. D.... ; c'était son triomphe : on eût dit Anacréon chantant du Béranger.

Je le répète : nul n'a interprété mieux que M. D.... les chansons philosophiques de notre grand poète national, et j'ajouterai que personne n'a mieux dit ses chansons patriotiques qu'un de nos représentants actuels, M. M........ dont la voix vibrante faisait vibrer à l'unisson les vitres, les cœurs et les verres. Il me semble qu'avec un timbre comme celui-là, il serait facile de faire vibrer aussi les vitres et les cœurs à l'Assemblée, voire même le verre d'eau traditionnel qui est en permanence sur la tribune.

Aux discours de la plupart des orateurs qui y trempent leurs lèvres, on voit bien que ce liquide parlementaire n'est pas édulcoré avec le miel du mont Hymette, si doux que la langue la moins déliée devenait éloquente après y avoir goûté. Il ne contient pas, non plus, le moindre grain de sel attique : c'est tout simplement de l'eau claire.

Voilà pourquoi il me semble qu'il ne faut pas craindre de parler après ces messieurs, surtout quand on chante si bien ; et notre représentant, M. Maréch..., devrait attaquer de sa voix mordante les ambitieux de tous les partis, et leur *river le clou :* son nom lui en donne le droit.

En attendant donc qu'un *Maréchal* quelconque (il y en a plusieurs à l'Assemblée) rive le clou aux ambitieux (il y en a beaucoup à l'Assemblée), moi, je vais leur rogner la corne, c'est-à-dire les ongles, car ils ne se les coupent pas souvent eux-mêmes ; ils les laissent volontiers grandir, comme les Chinois de distinction, et nous écorchent ; *Exemplum :* ils se sont alloués 25 fr. par jour, — les dimanches et fêtes comptent, ainsi que les jours d'absence et de vacances. —Les maisons de commerce n'allouent que 14 fr. à leurs représentants en voyage, et Dieu sait si, avec cette allocation, ils se refusent aucune des joies de ce monde, et si, pour ce prix, ils ont la langue dans leur poche. Certes, en fait d'éloquence, la plupart d'entr'eux en revendraient aux représentants du peuple, et ils font bien les affaires de leurs maisons ; mais ceux qui siégent à l'Assemblée, au juste prix de 25 fr. par jour, que font-ils ?...

LES FINANCES.

Air *du Roi Dagobert.*

I.

Ces fiers représentants
Reçoivent, par jour, vingt-cinq francs ;
Pour ce qu'ils font vraiment,
Ce prix paraît exorbitant :
Les uns font les sourds
Aux meilleurs discours ;
Et que font les autres?
Du bruit... — Gloire aux nôtres !
Oncque on ne les entend,
Et tout le monde en est content.

II.

Si ceux-ci restent cois,
Ceux-là parlent tous à la fois :
Que de vaines paroles!
Que de propositions folles !
Et la pauvre France
A bout de finance,
(O calculs plaisants !)
Donne vingt-cinq francs
Par jour à ces génies,
Pour faire des économies.

Je ne veux pas quitter nos représentants sans congratuler l'un d'eux sur son heureuse sortie de la prison pour dettes, dont la porte lui a été ouverte, à deux battants, par ordre de l'Assemblée (les loups ne se mangent pas).

Ils se sont (les représentants, et non les loups ; car, il y a amphibologie), ils se sont déclarés *inviolables;* et, chez eux, ce sont les débiteurs qui mettent les créanciers dedans :

« Eh bien ! *ne pas payer créanciers*, sotte espèce,
« Est-ce un péché ? Non, non. *Nous leur faisons*, Seigneur,
« En *leur devant*, beaucoup d'honneur. »

« — Mais les lois, mais la lettre de change, mais la fidélité aux en-« gagements, mais la sainteté d'une parole donnée par écrit , » objecteras-tu, bon lecteur, qui es dans le commerce. — Cette religion-là, mon cher, est pour le peuple. Faire honneur à sa signature, c'est bon pour les épiciers ; les représentants sont au-dessus de cela : Ne sont-ils pas *honorables*, quand même, et n'avons-nous pas dit qu'ils étaient inviolables ?

Je me rappelle, à ce propos, la petite anecdote suivante : c'était sous la Restauration ; les loups ne se mangeaient pas non plus, alors (ils ne se mangèrent réellement que sous la Convention). Les députés s'étaient donc aussi déclarés *inviolables.*

L'un d'eux était criblé de dettes, ce qui ne l'empêchait pas de mener grand train, et d'avoir un fringant équipage, avec lequel il éclaboussait ses nombreux créanciers.

Or, un jour qu'il parcourait Paris dans son landau, avec une *lionne* du quartier Notre-Dame-de-Lorette, au milieu de la rue Richelieu, elle éprouva le besoin d'un beau cachemire qu'elle vit en montre.

Notre galant député de descendre aussitôt de voiture, et d'aller *prendre* le schall dans le splendide magasin où il était si bien *exposé.*

Sur ces entrefaites, un de ses créanciers (c'était un épicier, fort beau garçon, ma foi) passe, l'aperçoit au comptoir et reconnaît son équipage devant la porte.

Il avait obtenu contre lui un jugement dont toutes les pièces, parfaitement en règle, étaient dans sa poche. Il les remet aussitôt à son huissier qui demeurait en face. L'officier ministériel exécute, et notre épicier monte dans le landau du député au moment où celui-ci sortait du magasin, chargé d'un riche butin qu'il jette dans sa voiture. Il reconnaît alors son créancier, dont il comprend de suite le projet, et lui dit en souriant : « Monsieur, je suis inviolable!—D'accord, Mon-« sieur, mais vos chevaux ne le sont pas. Fouette cocher ! »

—« Et la belle ? » me demanderez-vous.

Elle comprit de quoi il s'agissait, et ne se dérangea pas. Rusée comme toutes les chattes qui s'attachent, non pas aux gens, mais aux maisons, elle resta fidèle... au landau.

—« Et le cocher ? » me demanderez-vous encore.

Il n'était pas habitué à recevoir de son maître l'exemple de la fidélité aux engagements, et comme il en était fort mal traité, et fort mal payé, à la parole impérative du créancier, accompagnée d'une pièce de 20 fr., il fouetta ses chevaux qui emportèrent au diable le landau avec le cachemire, la belle et le malin épicier.

La chronique ne dit pas si l'*inviolable* monta derrière.

Mais de quoi me mêlai-je? Au lieu de musique, je m'occupe de politique, tout comme dans nos ennuyeux repas d'à-présent où l'on ne parle plus de rien autre.

Il y a cependant quelques exceptions ; j'ai assisté, il n'y a pas bien long-temps, à des banquets d'où la politique est exclue, où l'on chante encore, et dont les chanteurs sont des vaudevillistes tels que Deforge, Varner, Bayard, Eugène Guinot et Scribe qui, par parenthèse, a la voix aussi fausse qu'il a l'esprit juste , et ce n'est pas peu dire!

Les noms du général Cavaignac, de Lacrosse, de Desmousseaux de Givré, de Barrault , de Buffet, de Bixio, etc., etc., se rencontrent sans étonnement dans cette coalition de bonne foi, formée par les anciens élèves de Sainte-Barbe, qui se réunissent en un banquet annuel, le 4 décembre, comme les artilleurs. En qualité d'ancien élève de Sainte-Barbe, j'y assiste quand je me trouve à Paris à cette époque ; je m'y retrempe dans les souvenirs de la jeunesse ; j'y mange bien, j'y bois d'autant, j'écoute les chansons des autres, et, ma foi, *l'occasion ou quelque diable me poussant*, j'en chante aussi. En voici une que j'ai commise : je vais vous la dire. Je ne taris point sur ces souvenirs-là. Je suis comme ces vieux grognards qui racontent minutieusement et indéfiniment les batailles auxquelles ils ont pris part. Moi aussi, j'ai servi : mes campagnes sont les banquets auxquels j'ai assisté, mon arme était... la fourchette.

Voici donc ma chanson : il n'y a pas à dire, il faut que vous l'avaliez, comme si vous étiez à table avec des élèves de Sainte-Barbe.

C'était en 1836 : ils étaient tous là, les aimables héros de mes couplets. La mort, hélas ! en a depuis moissonné deux, le grand chanteur dramatique et le poète plein de grace et de verve comique : Nourrit et Vatout, hommes de talent tous deux, tous deux hommes de bien.

JEUX DE MOTS.

Air : *Je loge au quatrième étage.*

I.

A défaut d'autre, dans ces rimes
Vous verrez de l'esprit de corps :
Ne me faites donc pas de crimes
De quelques jeux de mots trop forts.
J'hésite un peu, je vous l'assure,
A chanter devant tant d'auteurs ;
Mais un souvenir me rassure :
Les *scribes* (1) étaient bon docteurs.

II.

Fi des jeux et de la vaillance
De ces preux au nom trop vanté,
Qui ne savaient qu'à coups de lance,
Toucher le cœur de la beauté !

(1) Eugène Scribe, membre de l'Académie française.

Qui voudrait voir encor des hommes
S'assommer pour un doux regard ?
Mais toujours, tous tant que nous sommes,
Nous applaudirons aux *Bayard*. (2)

III.

Nous allons entrer en campagne,
Dit-on, bientôt, et nos soldats
Font mille châteaux en Espagne,
Et rêvent déjà de combats.
Il est noble d'aller défendre
Ainsi la liberté partout ;
Et pourquoi si long-temps attendre,
Quand notre honneur est en *va-tout ?* (3)

IV.

Ce qu'on disait du chant du cygne,
Je le tenais pour fabuleux ;
Mais hier, ô bonheur insigne !
Je pus en entendre un, au mieux.
A l'ouïr, je crus que son ame
Fuyait de son corps amaigri ;
Mais non, il était plein de flamme,
Et le cygne était bien *nourri*. (4)

V.

Mahmoud fait de grandes réformes,
Au sein de l'empire ottoman :
Il a déjà changé les formes
De la babouche et du turban ;
Mais il craint toujours pour ses femmes,
Et ses harems sont des cachots ;

(2) Bayard, auteur de *la Reine de seize ans*, de *Marie Mignot*, du *Gamin de Paris*, etc., etc.

(3) Feu Vatout, de l'Académie française.

(4) Feu Adolphe Nourrit de l'Académie de musique. Je l'avais entendu la veille dans *Guillaume Tell*. Il était très-replet.

Mieux valait, certes, pour ces dames,
Se pendre toutes aux *barreaux*. (5)

VI.

Vous trouverez peu poétique
Cette chanson sur nos auteurs ;
Mais c'est une chaîne électrique,
Pour arriver jusqu'à vos cœurs.
Mieux que Ruolz, (6) vraiment, la gloire
A couvert d'éclat tous ces noms,
Et fait briller à ma mémoire
L'anneau (7) d'où partent ces chaînons.

Mais, hélas! les Dieux s'en vont, et la gaîté française les a suivis. On ne chante plus dans les repas. Au lieu d'y trinquer, on s'y choque en portant des *toasts* contraires ; les joyeux refrains y sont remplacés par d'ennuyeux *speechs ;* on n'y boit même plus de bons vins ; le Bordeaux a détrôné le Bourgogne, comme la politique a détrôné la chanson; et la convivialité a cédé sa place à l'ambition, spectre effrayant qui s'assied maintenant à tous les banquets, comme l'ombre de Banquo à la table de Macbeth. Ce sont, enfin, de vrais festins de Balthazar, où flamboient sur les murs des mots tels que ceux-ci, écrits par une main mystérieuse, *Mane, Thecel, Phares*, c'est-à-dire : *Vive la Réforme!* et puis, *Vive la Sociale !*

On ne *dîne* plus, on *mange* les uns chez les autres, en attendant qu'on se mange les uns les autres....

O tempora, ô mores! on n'entend parler que de coalitions, que de conspirations et que d'émeutes ; nous retournons à la barbarie.

Entendez-vous ce bruit dans la rue?... Entendez-vous ces cris?... Entendez-vous ces chants?... Entendez-vous cet orgue? C'est un véritable instrument de Barbarie : J'aime beaucoup l'orgue.

Que les marionnettes qui peuplent sa galerie de cuivre doré sont

(5) Barrault, ancien saint-simonien. Nouvellement de retour de la Turquie, il assistait à notre banquet.

(6) Inventeur de la dorure électro-chimique.

(7) M. Lanneau, ancien directeur du collége Sainte-Barbe, dirigé maintenant par M. Alexandre Labrouste.

gracieuses et qu'elles valsent bien ! Que de jolis airs s'échappent de ses flancs d'acajou ! C'est vraiment un petit conservatoire de musique ambulant, qui propage en province les plus beaux morceaux des opéras en vogue à Paris, et qui sème, en allant, les meilleures romances nouvelles dans la mémoire des jeunes filles, et principalement dans celle de nos ouvrières dont quelques-unes, entr'autres mesdemoiselles B.... et M.... ont des voix délicieuses.

Les plus âgées content, avec un talent qui leur est particulier, des histoires dont les enfants se souviennent toute leur vie, et les plus jeunes charment leur travail sédentaire, par des chansons. Quelques-unes même en composent, entr'autres mademoiselle Bo...... dont j'ai vu de fort jolis vers.

J'ai trouvé la chansonnette suivante, dans la poche d'un paletot que j'avais donné à raccommoder :

L'OUVRIÈRE.

Air : *Au clair de la lune.*

I.

La jeune ouvrière
Travaille en chantant ;
Et sa main légère
Suit sa voix gaîment.
Simple est sa toilette,
Modeste est son ton,
Et c'est la gazette
De chaque maison.

II.

Cette aimable fille
Gazouille en tout temps ;
C'est dans la charmille
L'oiseau du printemps ;
C'est, au coin de l'âtre,
Le joyeux grillon

Dont le cri folâtre
Charme la maison.

III.

Comme elle babille
Sur tous, et sur tout !
Et comme elle habille
Les gens avec goût !
Sans gêne elle ajuste
Aussi ses amis ;
Et, comme de juste,
Ils sont les mieux mis.

IV.

Elle sait tout faire :
Reprises, ourlets,
Bride, boutonnière,
Piqûres, œillets ;
Et puis elle excelle
Dans le fond *brodé ;*
Enfin, notre belle
Tient toujours le *dé.*

V.

Mais la bonne fille
A beau babiller ;
De fil en aiguille,
Il faut travailler.
De peine et de joie
Ses jours sont mêlés :
De laine et de soie
Ils sont tous filés.

VI.

Toute la semaine
Assise, elle coud.
Le dimanche vienne,
On la voit partout;

A la comédie
Elle accourt, et puis
Clôt cette humble vie
Par le *paradis*.

X.

ALLEGRETTO.

Drelin, din, din, pan, pan, pan.
Le lever du rideau.

Dans notre ville, on aime le spectacle avec passion ; mais c'est une passion malheureuse, car on a rarement l'occasion de la satisfaire. Notre année théâtrale n'est que d'un mois, pendant lequel, encore, on ne joue que deux fois par semaine. Aussi, dès que l'affiche est placardée, tout le monde la dévore des yeux et court au théâtre une heure avant le lever du rideau. On s'y amuse, en général, beaucoup ; mais il n'y a pas de roses sans épines, dans notre salle surtout, car les bancs de bois qui garnissent les loges sont hérissés de clous, de manière qu'à la fin d'une pièce qui a absorbé toute votre attention, quand vous voulez partir, vous êtes littéralement cloué à votre place, et ce n'est pas sans peine, que vous levez le siége ; c'est fort piquant, et c'est vraiment alors que le besoin d'une autre salle de spectacle se fait vivement sentir.

Mais, hâtons-nous d'ajouter qu'on n'éprouve pas cet inconvénient-là au parterre : on n'y est point assis.

Quant à l'orchestre, il est tout juste assez spacieux pour contenir le violon, la flûte et l'alto qui composent toute l'instrumentation des grands opéras qu'on nous donne. Car on ne nous refuse rien : *La Muette de Portici, Guillaume Tell, Robert-le-Diable, les Huguenots*, tout a été joué sur notre scène. Les changements de décorations s'y font plus réellement à vue qu'au Grand-Opéra de Paris, où l'on n'a pas le temps de les suivre de l'œil. Chez nous, on a tout le temps : les chaumières et les palais, les mansardes et les salons y sont construits à grands coups de marteaux, aux yeux mêmes des spectateurs, et sans respect pour leurs oreilles.

J'aimerais presque autant le système que j'ai vu en usage dans une petite ville d'Allemagne, et qui consiste à placer sur le devant de la scène un écriteau mobile portant le nom du lieu où se passe l'action, à quelle heure du jour ou de la nuit, et par quel temps le drame s'accomplit. Ainsi, par exemple, avec quelques mots tels que ceux-ci : *Paris, Pékin ;—tempête, ciel calme ;—clair de lune, soleil brûlant ; —prison, forêt enchantée*, vous obtenez, à bon marché, des changements de lieux, des effets de lumière et des coups de théâtre très-satisfaisants. Ce système de décorations est certainement le plus économique, le plus rapide et le plus splendide aussi, l'imagination des spectateurs aidant. Je le conseillerai aux directeurs de nos troupes ambulantes, lorsqu'ils voudront nous donner encore des opéras à grand spectacle.

Quant aux vaudevilles, comédies, petits opéras comiques, tragédies et drames, notre scène, telle qu'elle est, peut y suffire : le trou du souffleur est là. C'est, à dire vrai, le seul genre de spectacle qui puisse être bien joué sur notre théâtre ; c'est aussi le seul qui soit réellement apprécié de la masse des spectateurs de notre ville.

Les grands opéras, qui ne peuvent y être représentés que très-imparfaitement sont peu goûtés, quoique tout le monde parle musique, comme littérature.

Que tout le monde parle littérature, rien de mieux ; tout le monde sait au moins lire dans un livre ; mais on devrait être plus circonspect, en parlant musique, quand on n'en connaît pas même l'alphabet.

Je vais, à ce propos, vous représenter une petite comédie nouvelle, car elle ne finira pas par un mariage, comme toutes celles que vous avez vues jusqu'ici ; au contraire.

La scène s'est passée dans une société bourgeoise où l'on ne parlait que musique. La politique n'y était que sur le second plan (*mirabile dictu !*).

On n'y lisait que *la Gazette musicale*, et quoique *le Charivari* eût été plus en harmonie avec les talents divers qui composaient cette société, on ne l'y recevait pas, parce qu'on le considérait comme un journal politique.

On n'y accueillait que les personnes qui chantaient ou jouaient d'un instrument quelconque ; aussi, était-ce un bruit continuel de gargarismes sous formes de roulades, de grincements de crins râclés sur les boyaux filés, et de bruits étranges échappés aux instruments à vent ; c'était enfin de la cacophonie ; car avant d'exécuter ensemble un morceau, tous nos amateurs, sous le prétexte mensonger de se mettre d'accord, jouaient, pendant la meilleure partie de la soirée, leur petit air varié, chacun de son côté, et dans un ton différent, comme de juste.

Enfin, quand ils étaient censés d'accord, ils jouaient tous à la fois, les yeux fixés sur le même morceau (on ne s'en serait pas douté) ; et ils étaient très-heureux, nos *dilettanti*, de faire ce qu'ils appelaient naïvement de la musique d'ensemble. Ils y mettaient cette ardeur qui n'appartient qu'aux néophytes, et chacun d'eux observait le moins possible la mesure et les *piano ;* ils cherchaient à se surpasser les uns les autres, en intensité de sons et en vitesse ; c'était à qui jouerait le plus fort et à qui aurait fini le premier : noble émulation !

Et les voisins inquiets ouvraient timidement leurs fenêtres, et se demandaient entr'eux, si quelqu'un du quartier s'était marié le matin, sans donner de bal le soir.

Un des amateurs les plus enthousiastes de cette société était un petit monsieur antique, aussi peu favorisé de la nature au moral qu'au physique : ce n'était Apollon, ni d'un côté, ni de l'autre, quoiqu'il fit des vers, comme vous le verrez tout-à-l'heure. Avant de lui accorder ses entrées libres dans la société en question, lorsque l'examinateur nommé d'office lui demanda, pour l'acquit de sa conscience : « Etes-vous musicien ? » — « *Un poco*, un peu » fut la réponse.— « Quel est votre instrument ? » — « Celui-ci, » dit-il sérieusement, en prenant sa tabatière et en y poussant un petit ressort qui fit entendre l'air de : « *J'ai du bon tabac.* » L'examinateur qui en usait, sourit, prit une bonne prise et accepta, en éternuant, ce nouveau sociétaire dont le talent musical était tout entier dans sa tabatière. Cependant il ne jurait que par la Grisi, la Fiorentini, la Persiani, l'Alboni, enfin par tous les *I* féminins de la langue italienne qu'il possédait *un poco*, comme on le verra plus loin. Quand il parlait de ces déesses du chant, il disait tout court : Grisi, Fiorentini, Alboni, etc., comme on dit Vénus, Junon, Minerve, etc., et ce ton familier lui donnait une certaine apparence d'intimité avec ces dames, et un petit air d'homme à bonnes fortunes qui lui allaient très-bien.

En plein moyen-âge, il était encore garçon, et, las de tant de célibat, il cherchait à se marier.

Il s'était figuré que la clé du cœur des demoiselles était la clé de *sol*, et à force de citer, à tout propos, Gluck, Bach, Haendel et Beethoven, il se fit écouter d'une d'elles, vraiment folle de musique, en plein moyen-âge aussi, et, comme lui, peu favorisée de la nature : ils paraissaient se convenir.

C'était de cette belle qu'un mauvais plaisant, qui voulait se donner l'air de connaître la valeur des notes, avait dit dans un concert où elle se trouvait assise, en toilette blanche, à côté d'une vieille dame en toilette noire : « Voici une *blanche* et une *noire* qui ne valent pas un *soupir*.

Quoiqu'il en fût, notre amoureux lui faisait une cour assidue (elle avait de la fortune).

Il célébra même, en vers héroïques, le profond dévouement d'une femme pour son mari, et dédia, respectueusement, cette pièce à sa future qu'il jugeait probablement capable d'un aussi beau trait, à l'occasion. Voici ces vers :

L'HABIT DES DIMANCHES.

Un homme se noyait un de ces derniers jours ;
Et sa femme accourue au bord de la rivière,
Pleurait tranquillement, et le regardait faire
Tous ses plongeons dans l'eau, sans lui porter secours.
Mais notre homme, en voulant lutter contre le cours,
Leva les bras et laissa voir ses manches ;
Sa femme à cet aspect, sa femme fit un cri,
Et vite lui tendit des branches ;
« Au secours ! » criait-elle, « Ah ! sauvez mon mari !
« Dieu ! quel malheur ! Il a...... son habit des dimanches. »

Cette pièce était, selon lui, une ingénieuse déclaration, et il fut agréé tacitement ; mais c'était le musicien plutôt que le poète qu'on agréait ; car la seule convenance que la demoiselle trouvait dans cette union, était la perspective d'avoir toujours là, derrière elle au piano, quelqu'un pour lui tourner ses pages, aubaine qui ne lui arrivait pas souvent.

S'il y eût eu des pianos à mécanique, où les pages fussent tournées avec le pied, au moyen d'une pédale, elle n'eût pas pensé à cette alliance. Elle voulait seulement ajouter à l'ameublement de son salon un tourne-page, comme il y avait dans sa cuisine un tourne-broche.

Or, un jour que nos amoureux se trouvaient ensemble dans l'agréable société où je vous ai introduits tantôt, la demoiselle fut priée de jouer quelque chose. Après les façons d'usage, elle s'assit au piano, non sans avoir invité son futur à venir lui tourner la page. Elle voulait anticiper sur les joies du mariage.

Voilà notre *dilettante* pris au dépourvu. Il ne connaissait pas une seule note de musique ; il ne savait que le nom des grands compositeurs, des chanteuses à la mode et un peu d'italien.

Il fait cependant bonne mine à mauvais jeu. Notre musicienne prélude d'une main, puis ouvre gracieusement, de l'autre, le cahier qui est devant elle. A peine notre amateur a-t-il jeté les yeux sur la page, qu'il se rassure en voyant au bas ces mots : *Volti subito*, c'est-à-dire *tournez-vite* (comme s'il y avait des cas où il fallût tourner lentement !).

Il tourne donc de suite le feuillet au nez de la pianiste qui n'avait seulement pas encore commencé son morceau. — « Que faites-vous, distrait que vous êtes ? » soupira-t-elle gracieusement, en réparant sa bévue ; et alors, elle commença, pour tout de bon. Mais elle s'arrête aussitôt, car son *distrait* vient encore de tourner la page *subitement*, avant qu'elle ne soit au milieu de la première ligne : —« Que faites-vous, Monsieur ? » dit-elle alors brusquement, en recommençant encore son morceau au milieu des chuchottements et des malins sourires de ses amies à qui elle avait déjà parlé du bonheur qui l'attendait en ménage, avec un si bon musicien.

Le malheureux reste-là, cloué à sa place et comme pétrifié par la crainte de commettre une troisième bévue.

Il tient le feuillet immobile entre l'index et le pouce, jusqu'à ce que sa belle lui foulant vivement sur le pied, comme sur une pédale, lui dise *con fuoco*, et sur le ton dans lequel elle jouait : « Mais tournez donc !..... »

A ces mots, il se trouble ; les triples et les quadruples croches qu'il regarde tout ahuri, dansent à ses yeux, comme des grappes de cacis pendues à un fil invisible ; la tête lui tourne, tout semble tourner autour de lui, et, voilà qu'il tourne le cahier sens dessus-dessous, croyant enfin avoir traduit fidèlement ce terrible *volti subito*.

Oh ! alors, notre musicienne mystifiée ne put retenir un *ut !* peu parlementaire, mais cependant toujours dans le ton : elle jouait en *do*.

Le tourneur de pages, manqué, comprit très-bien à son *espressionne* qu'elle lui donnait congé, et il lui tourna le dos, *subito*.

Ils se touvèrent alors à l'unisson. Ils ne se parlèrent plus, et ce fut un accord parfait.

Le flambeau de l'hymen ne s'alluma pas pour eux, et la demoiselle fut très-heureuse, car elle n'eut pas d'enfants pour la troubler dans ses exercices de piano, et pour lui retourner ses cahiers de musique, sens dessus-dessous ; aussi devint-elle très-forte.

En effet, le mariage n'est pas dans la catégorie des beaux-arts ; ce sacrement est peu favorable au développement du talent ; il éteint le feu sacré chez les artistes, du genre féminin surtout. En outre, le bon public, ce vieux sultan blasé, est jaloux des maris de ses favorites, et ne s'amourache solidement que des talents immaculés; témoin mademoiselle Caroline Duprez acclamée *diva* dans l'Olympe du Théâtre-Italien, avant même d'avoir ouvert la bouche (*incessu patuit dea*) ; témoin mademoiselle Madeleine Brohan qui, *à peine au sortir de l'enfance,* a débuté au Théâtre-Français, d'une manière si brillante que tout le monde l'a comparée à mademoiselle Mars. Pour faire comme tout le monde, je vais, lui jeter aussi mon bouquet :

MADEMOISELLE BROHAN.

Avec quel art elle excite le rire,
Avec quel art elle excite les pleurs,
Si jeune encore ! ah ! que d'espoir inspire
Ce beau printemps ! C'est déjà *mars* en fleurs.

Depuis son début, on lui a donné beaucoup de conseils dans l'intérêt de sa gloire ; mais on en a oublié un que je vais lui glisser avec mon bouquet : c'est de ne serrer que sur la scène le nœud de l'hyménée ; c'est un nœud coulant : Célimène y serait étranglée.

Thalie qui marie tout le monde, à la fin de chaque pièce, reste fille.

Ce qui est vrai des comédiennes l'est encore bien plus des cantatrices : une *prima donna* qui se marie, est aux trois-quarts perdue de renommée, sinon de talent. Aussi, lorsque les célébrités du genre commettent cette faute contre les règles de l'art, pour conjurer le dommage autant que possible, elle ne prennent presque jamais le nom de leur époux qui reste derrière le rideau ou dans la coulisse, et elles sont toujours demoiselles... sur l'affiche : ainsi, c'est encore Mlle Grisi, Mlle Sontag, etc., etc. Que si le nom du mari paraît, il est alors précédé par celui de l'épouse : on dit madame Cinti-Damoreau, madame Dorus-Gras, etc., etc. ; c'est la charrue devant les bœufs.

Mais, revenons à nos moutons, c'est-à-dire au pauvre garçon qui manqua de se marier. Il tomba dans une mélancolie profonde, ne fit plus jouer à sa tabatière l'air de *J'ai du bon tabac*, ne parla plus jamais musique à personne, et se jeta, par désespoir, dans un autre excès. Les couplets suivants, composés par lui, dans un moment d'abandon, montreront mieux que je ne pourrais le faire, les nouveaux sentiments dont il fut animé, et de quelles larmes il s'abreuva :

L'IVROGNE.

Air : *Au clair de la lune.*

I.

Je suis en goguettes :
De l'hymen j'ai prou ;
Vivent les guinguettes !
J'y bois comme un trou.
Quelle vie aimable !
Je suis (entre nous)
Souvent à la table,
Plus souvent dessous.

II.

Je suis tricolore :
L'ordre est mon propos ;

Mais je marche encore
Sous d'autres drapeaux :
Je cours tous les bouges
Aux bouchons parlants : (1)
Et, vivent les rouges!
Et, vivent les blancs!

III.

— Foin de ma folie!
J'ai bu tout mon bien :
Au bout de ma vie,
Je suis sans soutien ;
Je m'appuie aux bornes
En chancelant ; mais,
On me fait les cornes,
Même aux cabarets.

IV.

Plus rien dans ma bourse :
Plus de pots remplis;
Je suis sans ressource :
Adieu les amis.
Amours au pied leste,
Vous m'abandonnez,
Car il ne me reste
De rubis...... qu'au nez.

V.

Ma vie est tarie :
Vide est mon tonneau!
Sonnez l'agonie :
J'ai le bec dans l'eau.
La soif me transporte;
Je suis tout en feu :
Le Diable m'emporte,
Pour l'amour de Dieu!

(1) Petits drapeaux rouges ou blancs qui indiquent les caves où l'on débite du vin rouge ou du vin blanc.

XI.

RONDO MODERATO.

Tam, tam, tam.
Le Prophète (musique de Meyerbeer.)

« Loin des yeux, loin du cœur, et les absents ont tort, »

Dit-on. — Le tort est bien plus à qui les oublie ; et, pour ne pas encourir nous-même ce reproche, jetons d'abord un myosotis, cette fleur du souvenir, sur la tombe d'un de nos camarades d'enfance, M. S. H....., mort aux États-Unis, où son beau talent lui avait ouvert le Grand-Théâtre du Parc, à New-York. Il y était premier violoncelle, et y exécutait quelquefois aussi des solo de violon, aux grands applaudissements des Américains, qui, dans ces cas-là, n'y vont pas de main morte.

Nous avons ensuite à Boulogne-sur-Mer, M. P.... qui, en jouant de la basse, y attire tous les *lions* et tous les léopards de la Grande-Bretagne. Partout, enfin, l'on applaudit des artistes de notre ville : c'est à Chalon-sur-Saône, mademoiselle J....., pianiste du plus grand mérite; c'est à Dijon, M. Gro....., habile organiste, professeur excellent et charmant compositeur. Il a fait graver *le Dernier soupir d'Hérold* et *le Carillon*, fantaisies brillantes pour piano, et des mélodies italiennes, pleines de suavité. Je lui offre la suivante.

LE VER LUISANT.

I.

La nuit s'étend sur tout,
J'erre dans l'ombre;
Mais un ver luisant tout-à-coup,
Brille en mon chemin sombre.

II.

Cet insecte de feu
Glisse et scintille
Dans le pré vert, comme au ciel bleu
Une étoile qui file.

III.

« Émeraude des nuits,
» O luciole!
» Dans les ténèbres tu reluis,
» Ceinte d'une auréole;

IV.

» Mais moi, je suis couvert
» D'une ombre épaisse,
» Et sur tes clartés, humble ver,
» Incertain, je me baisse :

V.

» Guide mes pas douteux,
» Luis sur ma route;
» O soleil rampant! vers les cieux
» Guide une ame qui doute...

VI.

» Du hasard n'es-tu qu'un produit,
» Lueur aimée ?.....
» Lampe des fleurs, pendant la nuit,
» Qui t'a donc allumée ?.....

VII.

» De grace resplendis
» Dans mes nuages,
» Comme l'étoile qui, jadis,
» Illumina les Mages. »

VIII.

— » Allumée à ton feu,
» La foi m'éclaire :
» Et dans l'ombre, à tes rayons, Dieu
» M'apparaît sans mystère.

IX.

Sous l'herbe, ainsi qu'aux cieux,
Il se dévoile ;
Et tout le trahit à nos yeux,
Le ver comme l'étoile.

X.

» Merci, doux ver luisant :
» Je vois ma route ;
» Et ta lumière, astre vivant,
» A dissipé mon doute. »

Ces pensées religieuses, toutes naturelles, en parlant d'un artiste qui fait si bien résonner l'orgue à la gloire de Dieu, me mettent sur la voie d'un autre enfant de notre ville, enfant de quatre-vingt-cinq ans, consacré à la musique sacrée dès son bas-âge.

C'est M. Ma..... qui habite Avallon.

Il chantait à notre insigne Collégiale, en 1770. Je ne me souviens pas, et pour cause, de l'effet qu'il y produisait ; mais ce que je me rappelle très-bien, c'est qu'il fut attaché à la chapelle de Louis XVIII et à celle de Charles X, et que les journaux ont cité alors avec éloges sa jolie voix d'enfant de chœur. Il chante encore avec goût, mais *sotto voce*, comme lisait Andrieux, qu'on n'entendait qu'à force de l'écouter.

M. Ma..... a arrangé une messe en musique pour le service solennel des savants et artistes défunts ; puissions-nous ne pas l'entendre de sitôt en son honneur ! Ce vieillard, jeune encore d'amabilité, a composé aussi de jolies romances, entr'autres la *Mort de la Fauvette*. Je lui offre la petite ballade suivante :

UNE FÊTE PUBLIQUE.

I.

C'était une fête à Paris :
On illuminait les mairies ;
Et, sous les orangers fleuris,
On accourait aux Tuileries.

II.

Une jeune femme aussi vint,
Avec son enfant, vers la foule,
Et d'aventure elle se tint
Assise près de cette houle.

III.

L'enfant allait, venait, joyeux,
En jouant autour de sa mère :
Elle souriait à ses jeux,
Et puis à sa course légère.

IV.

Mais, en s'épandant tout-à-coup,
La foule de lui la sépare.....
Elle appelle et cherche partout ;
Dans le jardin elle s'égare.

V.

A tout le monde s'adressant,
Troublée, elle crie : « Ah! de grace,
« N'avez-vous pas vu mon enfant? »
— « Non, » lui dit-on vite, et l'on passe.

VI.

« Il est aussi beau qu'il est bon :
« C'est un ange, de forme et d'ame;
« Oh ! l'avez-vous rencontré?—Non, »
Répond chacun à cette femme.

VII.

« Ses cheveux baignent, à flots blonds,
« Les traits charmants de sa figure;
« Ses yeux bleus sont noirs de cils longs:
« Cherchez-le, je vous en conjure.

VIII.

« Sa petite bouche gaîment
« Sourit, aux baisers toujours prête;
« Aux miens, ah! rendez vitement,
« Rendez cette naïve tête! »

IX.

—Et personne ne répond plus
A son angoisse maternelle;
Ses pleurs, ses cris sont superflus;
L'enfant ne revint pas vers elle.....

X.

C'était une fête à Paris :
On illuminait les mairies;
Et sous les orangers fleuris
On accourait aux Tuileries.

Voilà le compte de nos artistes musiciens, au 31 mars 1851, sauf erreur ou omission. Vous me demanderez peut-être, à quel titre j'ai parlé musique ; quelles sont les partitions que j'ai écrites, et sur quel instrument j'excelle ?..... — (Elle est bonne, la question !) Allez donc demander aux feuilletonistes de Paris qui font et défont, tous les jours, des réputations de chanteurs et de chanteuses, de quel instrument ils jouent : ils vous riront au nez, en vous montrant leur plume. — Cependant je ne me permettrai pas de vous rire au nez, chers lecteurs, et je vais même satisfaire à votre question un peu indiscrète, en vous énumérant candidement mes titres musicaux. *Anch'io son pittore*, moi aussi, j'en pince.

Je ne me comparerai pas à Ad. Adam, pour la composition, ni à Paganini pour l'exécution : ce serait un peu trop fort ; mais j'ai écrit de la musique et je joue du violon, comme le commun des martyrs ; que dis-je ? j'ai obtenu sur cet instrument des succès dans le genre de ceux qu'obtint anciennement Orphée, en charmant les bêtes. Rassurez-vous, je ne veux pas faire de personnalités.

Voici dans toute sa naïveté, l'histoire de mes succès ; Nous commencerons par le compositeur, l'exécutant viendra ensuite. — J'étais à Lyon, en 1824, à l'*Ecole de Commerce*. Je m'y liai avec un Italien qui, passionné pour la musique, m'inocula sa passion. Il composait et chantait des romances ; moi, je ne faisais que des gammes, mais j'en faisais sans cesse, et tant et si bien que voulant aussi composer une tendre romance pour une petite demoiselle à qui j'avais donné sa première leçon de musique, je ne trouvai rien que le couplet suivant, sur la gamme dont chaque note se rencontra par hasard au commencement de chaque vers, tant j'en avais la tête pleine !

LA PREMIÈRE LEÇON DE MUSIQUE.

DO-cile enfant, chante. — A merveille !
RÉ-pète. — Ah ! quel charivari !
MI-das, (il avait de l'oreille)
FA-vorable à Pan, t'eut souri.
SOL-fie en mesure, avec ame,
LA- phrase de cet air nouveau,
SI-non, je te chante la gamme.
DO-cile enfant, c'est bien, *bravo* !

Je chantai ce morceau, en montant et en descendant la gamme, à mon ami l'Italien, le soir, au coin du poêle, entre chien et loup, et sans chandelle, car j'aurais été intimidé par l'éclat de la rampe.

Quand j'eus fini, j'attendis avec anxiété son jugement. Il se tut. Je me dis alors : « C'est un applaudissement tacite. » Tout-à-coup, j'entendis ronfler ; je crus d'abord que c'était le poêle ; mais il était éteint, et je reconnus bientôt, hélas ! que c'était mon ami qui ronflait. Oh ! alors, je compris la cause de son silence obstiné, et je me rendis compte de l'effet qu'avait produit sur lui ma romance ; il n'était cependant pas dormeur, de son naturel. J'eus beaucoup de peine à le réveiller, et en ouvrant les yeux, il me dit naïvement qu'il avait rêvé qu'on l'assommait. Peu flatté de ce compliment qui fut une bonne *leçon de musique* pour moi, je renonçai à la composition ; mais je me livrai tout entier à l'exécution. J'aimais la chanterelle, je m'adonnai au violon avec ardeur ;

J'en râclais sans repos ;
J'étais pendu toujours à la corde à boyaux.

Ce roi des instruments, auquel je faisais ainsi la cour, ne répondait à mes caresses que par des grincements. Je m'acharnais aux Études de Baillot, et charmée par ces phrases brûlantes d'inspiration, mon ame s'enflammait ; mais celle de mon violon ne s'enflammait pas du tout, quoique de bois sec ; c'était, au contraire, froid et ennuyeux, au point que tous mes camarades s'éloignaient de moi, en bâillant, dès qu'ils me voyaient ouvrir mes Études de Baillot.

La solitude se faisait autour du lieu où je m'exerçais ; le monde habité finissait là où l'on commençait à m'entendre ; enfin, pas un être vivant ne restait dans ces parages inharmonieux. Quand je dis pas un, je faux ; il se trouva qu'une petite créature du bon Dieu, au charmant corsage, aux doigts effilés, et douée d'un talent tout particulier pour la tapisserie, avait apprécié le mien pour la musique : à mes premiers accords, elle arrivait sans bruit sur la pointe des pieds et restait là en extase, pendant tout le temps que je raclais. Je ne fis d'abord pas grande attention à elle ; mais la voyant toujours venir, lorsque je jouais, cela me donna des idées, et je variai mes heures d'étude, afin de m'assurer si c'était bien réellement pour moi qu'elle venait ainsi. Elle ne manqua pas une séance ; je fus flatté de ses démarches, et je l'aimai. Je crois qu'elle m'aima aussi, car elle s'approchait chaque fois plus près de moi, et devenait tellement familière, qu'elle eût fini, sans doute, par filer sa toile (c'était une araignée) entre mon bras et mon violon, si, par malheur, mon cahier d'Etudes ne fût tombé sur elle et ne l'eût écrasée, la pauvre bête! la seule qui m'eut jamais écouté avec attention, et donné des preuves non équivoques de satisfaction.

Depuis lors, j'aime les araignées; non pas à la manière des Chinois qui s'en régalent, mais comme les Indiens qui les adorent. Mon amour sentimental pour elles, ne va pas jusqu'à l'adoration ; mais je les respecte, dans la croyance qu'une créature aussi inoffensive doit être utile, et qu'elle a sa note à faire dans l'harmonie universelle. Et puis, qu'y a-t-il de plus industrieux? Quelle brodeuse plus adroite? Quelle acrobate plus agile?

L'ARAIGNÉE.

L'araignée à ses fils, en voltigeant pendue,
Charme tout à la fois, ma pensée et ma vue :
En corsage cousu de paillettes d'acier,
C'est madame Saqui, sur la corde tendue
Courant, sans balancier.

Mais, puisque je poursuis la réhabilitation de l'araignée, qui inspire de la répugnance à beaucoup de personnes, il faut, tout en admirant ses talents d'agrément, signaler aussi ses facultés supérieures.

La France lui dut la conquête de la Hollande, rien que cela : en 1795, cent mille hommes étaient en marche, dans ce pays, au milieu des glaces, lorsqu'un dégel apparent sembla annoncer la perte de l'armée, si on ne la faisait retirer promptement.

L'adjudant-général Quatremère-Disjonval, qui, pendant sa captivité à Utrecht, avait étudié les araignées dans sa prison, au point de reconnaître à leurs allures les variations de la température plusieurs jours à l'avance, envoya, dans un verre, quelques-uns de ces insectes, avec une note explicative, au général en chef, en lui garantissant la gelée pour long-temps encore. On crut au pronostic des araignées, on agit en conséquence; notre cavalerie fit une charge sur la flotte ennemie dont elle s'empara, et la Hollande fut conquise.

Oui, l'araignée est la vraie fille de l'air, elle en connaît tous les secrets ; c'est l'Ariane de ce labyrinthe où nos aéronautes s'égarent encore ; et, plus légère que le zéphyr, elle y chemine sans ailes, comme dans son domaine. N'est-ce pas elle aussi qui nous file les derniers beaux jours avec cette soie blanche qu'on voit flotter dans l'azur, en automne, et que, dans nos campagnes, on désigne sous le nom de *Cheveux de la Sainte-Vierge?* Ce sont les débris des toiles dont cet insecte tapisse, pour ainsi dire, la voûte céleste, en rattachant par d'innombrables fils la terre au ciel. Rien d'étonnant donc à ce que je sois fier d'avoir pu charmer en jouant du violon, une créature aussi intelligente et dont le goût pour la musique est constaté depuis long-temps.

Mes voisins, ils en ont le droit, pourront révoquer en doute la puissance enchanteresse de mon archet ; mais vous savez que nul n'est prophète en son pays et, à plus forte raison, dans son quartier.

LE PROPHÈTE.

AIR : *La comédie est un miroir.*

OU : *Femmes voulez-vous éprouver.*

I.

« Nul n'est prophète en son pays : »
—Faisons mentir ce vieil adage ;
Estimons enfin à leur prix
Les produits de notre village.
Les vins n'y sont-ils pas exquis ?
Les femmes belles ? Les poètes.....
Moi, je suis bien de mon pays,
Car je les tiens pour vrais prophètes (1).

II.

Or, chez nous, celui qui prétend
Qu'ailleurs les femmes sont plus belles,

(1) Le mot latin *vates* a la double signification de *poète* et de *prophète*.

Ou qu'elles ont plus de talent,
Ou bien qu'elles sont plus fidèles;
Et qu'à leurs fortunés maris
Moins souvent elles tiennent tête,
En vérité, je vous le dis :
Celui-là n'est qu'un faux prophète.

III.

Celui qui trouve, à tous moments,
Que rien n'est bien à notre époque;
Que tout fut mieux, *au bon vieux temps*,
Et que le monde tombe en loque;
Que vins et vers, tout fut meilleur,
Et la femme un peu moins coquette,
C'est un prophète de malheur;
C'est du passé le vrai prophète.

IV.

De mon siècle et de mon pays,
J'y vois partout vertu, franchise, (2)
Génie et talents accomplis,
Et gaîment je les préconise.
Je rends justice à mes amis :
De leur mérite je m'entête;
Car, lorsque leur vin est exquis,
J'en bois, à mort, comme un prophète (3).

V.

Nul n'est prophète en son pays;
Mais le plus sot de son village
Est souvent prophète à Paris :
Là, tout dépend de l'étalage.

(2) On dit toujours : Franc Bourguignon.
(3) Le Prophète, dans l'opéra de ce nom, a la coupe en main, et se fait verser à boire au moment où éclate l'incendie final dans lequel il périt.

De ses vases d'élections
Tel que la province rejette,
A Paris brille à pleins rayons,
Sous le nom même du Prophète (1).

VI.

C'est sans malice qu'en passant,
J'ai donné quelques coups de patte;
Ce sont des caresses d'enfant,
Mais non des coups d'ongles de chatte.
Ma muse y va tout bonnement,
Et n'est pas comme cette bête
Dont la griffe écorche en jouant :
Pour moi tout mérite est prophète.

(1) C'est un de nos concitoyens, candidat acharné aux dernières élections des représentants, qui a ouvert, à l'enseigne du *Prophète*, le magasin de Paris le plus splendide, tant par son éclairage et ses transparents où sont peintes les principales scènes du susdit opéra, que par les belles marchandises qui chargent ses rayons.

XII.

PASTORALE.

Ha, ha!
Le petit ramoneur.

Nul n'est prophète en son pays; et si tant de gens s'expatrient, c'est pour être prophètes ailleurs; mais ce qu'il y a de pire, c'est que beaucoup sont exilés par la misère.

« *Ha! ha! ramoneur de cheminée du haut en bas!* »

Entendez-vous ce cri? C'est celui des petits Savoyards qui parcourent notre ville, chaque matin, en faisant leurs offres de service à haute voix. Je veux en dire un mot: ce sont aussi des artistes chanteurs.

L'enfant que la Savoie,
Avec une marmotte, en haillons, nous envoie,
Essuie en y grimpant, ces conduits noirs et longs
Par où sort la fumée, à flots bleus, des maisons;
Et lorsqu'il est au faîte,
En revoyant le ciel, il redresse la tête,
Et chante quelquefois,
Seul oiseau qui gazouille, en hiver, sur nos toits.

Ecoutez les éclats de sa voix matinale,
Dans les couplets naïfs de la chanson natale :

I.

En sortant de mon pays,
Je m'en allai z' à Saint-D'nis,
Et puis j'allai de Saint-D'nis,
De Saint-D'nis au Pays-Bas,
La, la, la.
— J'ai ramoné
La cheminée
Du haut en bas.

II.

En passant par la Bourgogne,
J'ai rencontré z'un p'tit homme
Qui mangeait du pain, des pommes,
Et buvait du ratafia,
La, la, la.
— J'ai ramoné
La cheminée
Du haut en bas.

Que ces enfants sont à plaindre ! A peine vêtus, à peine nourris, sans feu ni lieu (1), ils vaguent tristement par nos rues, et les *p'tits sous* qu'on leur donne, dans l'espoir qu'ils vont en profiter, leur sont arrachés souvent par un maître impitoyable... Pitié et protection pour eux !

La misère en a fait des orphelins, en les chassant de chez leurs parents trop pauvres pour les nourrir.

(1) Maintenant qu'il y a, dans l'aile neuve de l'Hôtel-de-Ville, une salle nouvelle qui est un chef-d'œuvre d'élégance, on devrait transformer l'ancienne en chauffoir public pour l'hiver.

LE PETIT RAMONEUR.

Complainte.

I.

Le petit ramoneur part
Tout triste de la chaumière
Où pleure sa pauvre mère,
En le suivant du regard.

II.

D'un maître dur qui le frappe,
Forcé de suivre le pas,
Il manque de tout, hélas !
Sur sa route, point d'étape.

III.

Dès l'aube, avec son racloir,
Il se met à la besogne,
Et jusque vers la cigogne, (1)
Il monte, par un trou noir.

IV.

Dans les palais, aux chaumières,
Les yeux bandés (2), presque nu,
Ce pauvre Amour ingénu
Touche le cœur des plus fières.

V.

De la couleur des grillons
Dont il a l'humeur folâtre,

(1) Dans certains pays, en Alsace entr'autres, les cigognes font leur nid sur les cheminées.

(2) On bande les yeux aux ramoneurs avant de les faire monter dans les cheminées.

Comme eux il chante dans l'âtre,
Et protége nos maisons; (3)

VI.

Car bravement il ramone
La cheminée, et descend.
—Pauvre enfant !... Que Dieu pardonne
A l'insensible passant!

Hâtons-nous d'inaugurer notre nouvelle salle par des concerts au bénéfice des pauvres.

Quand je dis *concerts*, c'est *bals* qu'il faut prononcer, car tout concert doit être suivi d'un bal pour attirer nos demoiselles qui n'ont, pour la musique, d'oreilles qu'aux pieds; elles trépignent d'impatience, lorsque le concert se prolonge un peu. Aux plus belles ouvertures de Weber, aux plus belles symphonies de Beethoven, elles préfèrent un air de contredanse ou de valse; mais ce dernier exercice leur est interdit par leurs mamans qui font tapisserie, assises sur les banquettes et... à cheval sur les principes. Et les mamans ont raison : quoi de plus dangereux, en effet, que la valse? Vous allez en juger :

VALSE.

Voyez cette dame et ce cavalier valser ensemble : ils se tiennent par la main et par la taille, sans façon, et se regardent de si près et si fixement, qu'ils se font tourner la tête; c'est un vertige; ils quittent terre; s'envolent dans les nuages..... de poussière, qui se forment à leurs pieds, et soupirent en toute liberté, sous le frivole prétexte qu'ils sont essoufflés.—Mais le pire, c'est la promenade qu'ils font entre deux tours de valse et pendant laquelle ils peuvent avoir ensemble une conversation suivie, inconvénient que n'offre pas le *quadrille* ; car le colloque le plus animé y est coupé, à chaque instant, par la voix du musicien qui annonce les figures, en achevant à sa manière les phrases commencées par les danseurs. Exemple :

(3) C'est une croyance populaire, en Angleterre surtout, que les grillons portent bonheur aux maisons où ils abondent, comme on le croit chez nous des hirondelles.

QUADRILLE.

LE MUSICIEN : « En place ! »

LE DANSEUR, *en place, à sa danseuse :* « Mademoiselle, combien je « vous suis reconnaissant de l'honneur que vous m'avez fait en m'ac- « cordant cette contre-danse ! C'est les mains jointes et à genoux que « je vais.....

LE MUSICIEN : En Avant-deux ! »

. . . .

LE DANSEUR, *revenu à sa place, à sa danseuse, après avoir long-temps cherché sous ses pieds, et s'être creusé la tête :* « Il fait bien chaud....

LE MUSICIEN : l'Été. »

. . . .

LE DANSEUR, *revenu à sa place, à sa danseuse :* « Aimez-vous la campagne, Mademoiselle ?

LA DANSEUSE : « Beaucoup ; c'est si joli, les champs, les prés et les « moutons, Monsieur, que j'envie le sort de.....

LE MUSICIEN : La Pastourelle. »

. . . .

LE DANSEUR, *revenu à sa place, à sa danseuse :* « Moi aussi, j'aime « beaucoup la vie des champs : on y mange de la bonne crême, « d'excellentes volailles, Mademoiselle, et surtout des œufs frais ; Oh! « j'adore.....

LE MUSICIEN : La Poule ! »

. . . .

LE DANSEUR, *revenu à sa place, à sa danseuse :* « Comment trou- « vez-vous les toilettes de ces dames ?

LA DANSEUSE : « Mais.....

LE DANSEUR : « Sans fraîcheur, n'est-ce pas ?

LA DANSEUSE : « Oh ! oui , sans goût.

LE DANSEUR : « Sans grace ?

LA DANSEUSE : « Affreuses ! et tous ces diamants sont.....

LE MUSICIEN : « La Chaîne des dames ! »

. . . .

LE DANSEUR, *revenu à sa place, à sa danseuse :* « Voici une dan- « seuse en rose qui est assez jolie ; elle a l'air fort timide.

LA DANSEUSE : « Vous voulez dire fort niais.

LE DANSEUR : « La connaissez-vous ?

La Danseuse : « C'est une de mes amies.

Le Danseur : « Je ne m'en serais pas douté. Et cette demoiselle en « blanc, vis-à-vis de nous, qui est-elle donc ? J'ai dansé avec elle, « et je l'ai trouvée très-spirituelle.

La Danseuse : Oui, elle est très-maligne, en effet; c'est dommage « qu'elle soit si laide.

Le Danseur : « La connaissez-vous ?

La Danseuse : « C'est une de mes amies.

Le Danseur : « Je m'en doutais, car vous lui faites...

Le Musicien : « La Queue-du-chat ! »

. . . .

Le Danseur, *revenu à sa place, à sa danseuse :* « Que vous êtes « bonne, Mademoiselle, et combien vous avez d'amies !

« Qu'il fait bon être de ce nombre ! et que je serais heureux, moi-« même, si.....

« Car, je vous en fais timidement l'aveu, Mademoiselle, vous êtes si « aimable que je vous aime ; vous êtes adorable et... et... je vous « adore... pour toujours ; car je ne suis pas de ces hommes incon-« stants dont le cœur est à pivot et se tourne de tous côtés comme une « girouette : non, Mademoiselle, mon amour est invariable et fixe « comme.....

Le Musicien : « Le Moulinet ! »

. . . .

Le Danseur, *revenu à sa place, à sa danseuse :* « Que puis-je « espérer, Mademoiselle ?... Vous...

Le Musicien : « Balancez !

La Danseuse, *sans hésiter, tout en balançant* : « Monsieur, « après l'admiration que vous venez de manifester pour les autres « danseuses, je suis étonnée de votre déclaration ; en qualité de chas-« seur, vous devriez pourtant savoir qu'il ne faut pas courir deux « lièvres à la fois, et vous en...

Le Musicien : « Chassez-huit ! »

Voilà, à quelques mots près, la conversation des couples qui forment les quadrilles. — « Vous voyez, mamans craintives, qu'elle est « peu criminelle, et peu dangereuse pour vos filles qui vous sont, d'ail-« leurs, trop soumises pour laisser prendre des hypothèques sur leur « cœur, sans votre consentement. Et puis, elles ont toutes assez de

« cette malice naturelle à leur sexe, pour rappeler à l'ordre ceux qui « sortent des convenances parlementaires.

« Amenez-les donc, sans crainte, au bal, et continuez à leur défendre « la valse, en leur permettant toutefois la *Polka* » (ingénieux moyen inventé par ces filles d'Eve, pour goûter au fruit défendu, la *Polka* n'étant que la valse, sous un autre nom) ; car

Ainsi qu'avec le ciel, avecque les mamans
Il est toujours des accommodements.

ARIA DI BRAVURA.

Boum...........
Le Canon.

Ainsi puissions-nous commencer la seconde moitié de ce siècle, au milieu des danses et de l'harmonie!

A propos d'harmonie, nos représentants nous en donnent un bel exemple, parlons en !

Jaloux de notre tranquillité, ces Janus modernes (Janus était un dieu à plusieurs visages) tiennent toujours ouvertes sur nous les portes de leur temple, où des chefs ambitieux nous mitonnent une bonne petite guerre civile sur les brandons de la discorde; vraie cuisine des Sorcières de Macbeth qui faisaient aussi sortir (1) de leur chaudron magique des fantômes de rois !

Ne quittons pas cependant le temple de Janus sans en saluer le grand-prêtre dont la langue est aussi déliée que les cordons de ses souliers ; comme celle des chats elle écorche en léchant.

Ce lord Brougham de la Nièvre, cet ours parlementaire, lance à chaque instant des pavés à la tête de ses amis politiques, pour leur tuer

(1) *An apparition of a Child crowned rises.*
Le fantôme d'un enfant couronné s'élève du chaudron.
MACBETH, act. IV, scène Ire.

une mouche sur le nez ; c'est leur pain quotidien ; mais ils ne peuvent pas le digérer, car c'est (qu'on me pardonne un calembour sur qui en fit tant) c'est *du pain* sec.

Aussi, ça fait trembler comme les grands pouvoirs de l'Etat la conservent entr'eux, cette bonne harmonie dont ils ont sans cesse le mot à la bouche ; et dans notre ménage constitutionnel, comme dans tous les autres ménages, quand la paix est troublée, c'est presque toujours par un intrigant, par un *tiers*.

LE NOUVEAU DRAPEAU

présenté au général en chef de la coalition parlementaire, à son entrée en campagne au mois de janvier 1851.

AIR : *Au clair de la lune.*

Girouette éloquente,
Petit homme, il faut
Que je vous présente
Un petit drapeau...
Il est blanc et rouge,
Et toujours branlant :
C'est de certain bouge
Le bouchon parlant. (1/3)

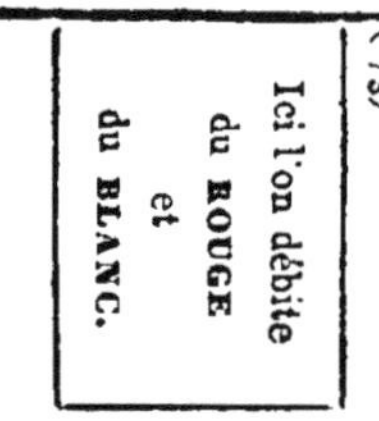

Et le concert européen, où en est-il ? Il a bien failli tourner aussi au charivari, du côté de l'*harmonieuse* Allemagne.

Entendez-vous encore les coups de fusil que se tirent les Danois et les Holsteinois ?

Ils me rappellent le combat singulier de ces deux chiens de même race (c'étaient des danois) qui, s'étant acharnés l'un contre l'autre, s'entre-mordirent tant et si bien qu'il n'en resta plus rien que les queues sur le carreau.

Que c'est beau, la guerre !... et que le roi de Prusse est un grand homme, de l'avoir presque commencée, dernièrement !

Arma virumque cano ; je chante les armes et ce héros, sur l'air du *Roi Dagobert*, avec accompagnement de tambours, trompettes et coups de canon :

LA GUERRE.

Aubade pour le roi de Prusse.

I.

Le grand Frédéric deux,
Sire, est un de vos bons aïeux :
Il sut, vrai diable à quatre,
Aimer, chanter, boire et se battre.
Vous lui ressemblez :
Vous, avez son nez,
Son front, son toupet ;
C'est tout son portrait ;
Mais il y manque un trait,
La queue (1).... Ah ! Sire, on vous la fait.

II.

Je crie à son de trompe :
« Paix ! ô rois et peuples qu'on trompe ! »
D'aucuns voudraient que j'eusse
Trompété pour le roi de Prusse.
— La lance en avant
Et le nez au vent,
Don Quichotte aussi
Voulait, sans souci,
Marcher seul contre tous....
Que de Don Quichottes chez nous !

FINALE.

J'ai servi à mes lecteurs (si lecteurs il y a) les douze chapitres de cette bluette, comme une douzaine d'huîtres qu'on ouvre et qu'on sable avec un peu de sel et de poivre.

Je n'ai eu l'intention de blesser qui que ce fût, tout en envoyant quelques petites vérités à différentes adresses, sous l'enveloppe de

(1) Le grand Frédéric était orné d'une queue très-grande aussi, de la forme d'un salsifis. Ce n'était pas, non plus que sa poésie, le plus beau fleuron de sa couronne.

la plaisanterie, comme on le faisait jadis sous le voile de la fable, genre à présent suranné. J'ai pensé qu'en parlant musique, il ne fallait pas prendre le ton d'un Jérémie en lamentations, à qui l'on aurait mis une guitare dans les mains pour s'accompagner. Il est assez d'écrivains qui se croient sérieux parce qu'ils sont lamentables : Je n'ai pas voulu en augmenter le nombre. Je n'ai ri d'ailleurs qu'à bonne intention et n'ai rien loué (1) ou critiqué sans motifs ; heureux si, au milieu des fioritures dont j'ai brodé la stérilité de mon thème, on distingue et l'on retient la note tonique qui est *concorde*. CONCORDIA *soll ihr Namhme seyn* (CONCORDE, *voilà son nom*), comme dit Schiller, en baptisant sa fameuse CLOCHE.

Ah ! quel est le poète qui fera vibrer sur sa lyre, cette corde-là avec succès ? Béranger encore tout interdit par les discours de ses collègues à l'Assemblée, pendant le peu de temps qu'il y fut, reste muet. On n'entend plus que Pierre Dupont dont la muse champêtre sonne le tocsin de la guerre civile, avec une *campène*, et Rouget de Lisle dont l'éternel refrain nous appelle aux armes, en pleine paix ; car, grace au bon sens qui court le monde, à toute vapeur, une seule guerre est possible encore : c'est celle qu'a commencée la *perfide* Albion, dans son fameux *palais de cristal*, à *Hyde-Park*, ce beau champ de bataille de la paix universelle. La *Marseillaise* est donc aujourd'hui un anachronisme; mais le belliqueux Tyrthée fut toujours plus en honneur que le pacifique Terpandre, dont les accents réunirent tout-à-coup, en un grand parti dévoué à la seule chose publique (*rei publicæ*), les Lacédémoniens divisés en royalistes, en impérialistes et en socialistes de toutes nuances.

En attendant qu'un autre Terpandre renouvelle, parmi nous, ce prodige, nous terminerons cette fantaisie musicale par les couplets suivants, que nous avons trouvés sous un cep de vigne. Nous les attribuons naturellement à un vigneron (2) :

(1) L'habile ouvrier dont j'ai parlé à la page 5, a fait paraître, depuis, dans le journal, des poésies qu'on a généralement admirées ; et l'éclusier dont à la page 22 j'ai dit les nombreux actes de dévouement, a reçu, depuis, une gratification du Président, pour avoir encore sauvé la vie à un jeune homme qui se noyait.

(2) Les vignerons chantent lorsqu'ils taillent la vigne, lorsqu'ils la vendangent et lorsqu'ils la foulent dans la cuve. (*Saint Jean Chrysostôme*.)

LA BOURGUIGNONNE.

Air de *la Marseillaise.*

I.

Allons, enfants de la Bourgogne,
Vendangeons : le raisin est mûr.
Gaîment, tous ensemble en besogne,
Cueillons ce fruit d'or et d'azur. (*bis*)
Vignerons, achevons notre œuvre :
Foulons, au pressoir, le raisin,
Comme dans le creux d'un provin,
Nous écrasons une couleuvre.
Ecrasons la discorde aussi, bons ouvriers,
Trinquons (*bis*) et qu'un vin pur abreuve nos gosiers!

II.

Paris est une cuve immense,
Toujours en fermentation.
Ah! malheur quand l'effervescence
S'y change en révolution ! (*bis*)
Le sang coule à flots dans les rues ;
Et, par quelque nouvel impôt,
Le peuple est pressuré bientôt,
Comme ces grappes disparues.
Mais chez nous, point de sang aux mains des ouvriers ;
Trinquons (*bis*), et qu'un vin pur abreuve nos gosiers !

III.

A flots de rubis le vin coule :
Voici la fin de nos travaux.
Qu'au pot chacun mette la poule ;
Attablons-nous à ces tonneaux. (1) (*bis*)

(1) Les ouvriers qui travaillent dans les caves et dans les pressoirs, prennent ordinairement leurs repas sur des tonneaux debout.

La **PAULÉE** (1) est jour d'allégresse ;
Passons-nous les brocs et le pain ;
Et tendons-nous toujours la main ,
En fête ou bien dans la détresse :
Entr'aidons-nous ; restons en paix, bons ouvriers ,
Trinquons (*tis*) et qu'un vin pur abreuve nos gosiers !

IV.

La paix, c'est l'astre qui féconde
Le travail de toutes les mains ;
C'est le soleil pour tout le monde ,
C'est l'amour entre les humains. (*bis*)
Trinquons du cœur comme du verre :
Noyons les haines dans le vin ;
Que la Concorde en sorte enfin,
Comme Vénus de l'onde amère :
Travaillons à la paix, partout , bons ouvriers ;
Trinquons (*bis*) et qu'un vin pur abreuve nos gosiers!

(1) Cette expression très-usitée en Bourgogne pour désigner la fin des fauchaisons, des moissons et des vendanges, vient évidemment du mot grec παυλα, *Paula* qui veut dire *cessation, repos*. Voici comment on fait la *paulée* dans la Côte-d'Or :

Le dernier char rempli de raisins, vers le soir,
Arrive, orné de fleurs, en triomphe au pressoir ;
Et l'on danse aux chansons ; car le peuple est poète :
Il mêle à tout des chants et des bouquets de fête ;
Et couvreurs, charpentiers, maçons ou vendangeurs
Couronnent leurs travaux de rubans et de fleurs ;
Et moi, je veux aussi couronner ma besogne,
Ouvrier bourguignon, d'un pampre de Bourgogne.

www.ingramcontent.com/pod-product-compliance
Ingram Content Group UK Ltd.
Pitfield, Milton Keynes, MK11 3LW, UK
UKHW020927180726
13838UKWH00002B/791